Entgegen der Zeit

Anthologie des Lebens

Band 1

Liebe Leserinnen und liebe Leser,
sehr herzlich darf ich Sie zu diesem ersten Band,
meiner Anthologie dieser
ENTGEGEN DER ZEIT – Reihe begrüßen.

In diesem Band habe ich auch wieder eine
sorgfältige Auswahl aus meinem Sammelwerk
zusammengestellt, um Ihnen liebe Leserinnen und
liebe Leser euphorische, menschliche und
herzergreifende Momente zu schenken, die ich
einst selbst erleben durfte – ob in Form meiner
Gedanken und Gefühle oder aus den Erlebnissen,
welche mir mein Leben schenkte.

Es sind jene Texte, die von Aufbruch, Neubeginn,
vom Träumen und dem Erreichen von Zielen
handeln. Aber auch Texte, welche von der Realität
unterstrichen und gezeichnet sind. Diese Eindrücke
und Farbenwelten, welche ich erlebte und in mir
trage, möchte ich Ihnen in diesem ersten Band
meiner „ENTGEGEN DER ZEIT – Anthologie des
Lebens", nun zur Freude überbringen.

Herzliche Grüße

Christian Hofmann

Neubeginn

Neubeginn
Noch am Anfang
Nicht mittendrin
Ich weiß – dass aller Anfänge schwierig sind

Der Kampf mit dem Innern
Mit dem da draußen
Manches fliegt vorbei
Klingt wie ein leises Rauschen

Noch nicht fest im Sattel
Doch zum Aufbruch bereit
Nichts mehr verschieben
Denn es lebt die Zeit

Neue Freiheit
Alte Werte
Unerforschtes Land
Weiche etwas ab – vom Weg der Gefährten

Das Leben aus –
Einer anderen Perspektive blicken
Alles keine Zauberei
Doch ich bin begeistert

Das Leben ist so füllig
Doch zugleich auch federleicht
Spüre das Leben – eine Brise Sommerhauch
Glaube an meine Ziele – Träume habe ich auch

Die Flügel schlagen
In des Himmels Weiten
Sonne – Mut und Glück
Mögen mich begleiten

Sehnsucht nach dem was war
Wird erträglich mit der Zeit
Denn ich weiß wo ich das Gute finde
Weil es dort ist – wo es bleibt

Im Rausch von Neuem
Mit starkem Rückenwind
So darf es bleiben – hoffe auf Gutes
Was die Zeit noch mit sich bringt

Nie wieder mehr gebeugten Ganges
Rückgrat aufrecht halten
Nie wieder in die Knie sinken
Im Neubeginn – tanzend singen und springen

Platz Im Feld

Komm leg dich zu mir
Da ist noch jede Menge Platz im Feld
Schauen wir von hier unten rauf
Hinauf zum großen Himmelszelt

Suchen wir uns dort
Den schönsten Stern für uns aus
Irgendwann, ja das weiß ich
Bringt er uns nach Haus

Eine Reise zu den Sternen
In die Unvergänglichkeit
Wir werden diese nie vergessen
Weil sie in uns unendlich lange bleibt

Mit jedem Atemzug
Mit jedem Augenblick
Atmen wir die Schönheit dieser Welt ein
Und wir geben auch einen Teil zurück

Komm bleib an meiner Seite
Bis ans Ende unserer Zeit
Alles was vorbei zieht
Halten wir fest in unserer Ewigkeit

Da ist noch jede Menge Platz im Feld
Alles frei für unsere Träume
Auch für die Liebe unserer Zeit
Wir halten alles fest, wir leben wahre
Menschlichkeit

Weg Des Kriegers

Graue Wolken ziehen sich zusammen
Die Welt scheint gegen dich zu sein
Du rennst – du läufst und schreist
Setz das eine vor das andere Bein

Auch wenn das Leben
Dir keinen Trost jetzt spendet
Wenn sich auch
Das letzte Blatt gegen dich wendet

Wenn du zu Boden gehst
Und auf die Knie fällst
Wenn du alles was du tust
Wofür du lebst in Frage stellst

Gib jetzt nicht nach und gib nicht auf
Nach jedem Fall nach unten
Geht's auch die Stufen wieder rauf
Gib jetzt nicht nach und gib nicht auf
Nach dem Regen folgt die Sonne
So nimmt das Leben seinen Lauf

Boxe dich durch
Halt die Deckung und lenke die Sicht
Auf das was dich weiterbringt
Durch den Nebel bis ins Licht

Wenn alles an dir reißt
Alles an dir zerrt und Zweifel kommen
Auch der stärkste Krieger
Hat nach Rückschlägen neu begonnen

Der Weg des Kriegers
Dieser ist in Wahrheit kein leichter
Denn er geht mit Herz und Stolz
Er geht ihn bis zum Ende – das beweist er

Weck Es Auf

Weck es auf
Weck es auf
Das Kind das in dir schläft
Und träumt

Weck es auf
Weck es auf
Dass es wieder lebt
Und das Leben nicht versäumt

Wir werden hier bestimmt
Sind nicht der Sänger – der sein Liedchen singt
Wir werden hier gelenkt
Es ist lange an der Zeit – dass wieder jeder für sich
denkt

Vielen Dank an all die Lieder
Die mich durch das Leben tragen
Danke für all das was sie mir bedeuten
Und bis heute gegeben haben

Das Leben nicht mehr träumen
Dinge tun nicht länger mehr versäumen
So viele Träume weite Ziele – mach dich auf die
Reise
Mit wenig Gepäck und viel Liebe – auf die leichte
Art und Weise

Am Fließenden Band

Ich schreibe nach wie vor
Am fließenden Band
Das Bild fest im Rahmen
Der Blick über den Rand

Es sind Geschichten, es sind die Menschen um mich
herum
Auch ein Teil Selbsttherapie, alles belebt und
trotzdem stumm

Still und leise schreibe ich und gehe doch
Immer wieder neu auf eine Entdeckungsreise
Es sind des Menschen Gesichter, Haut und
Lebenslinien
Ob sehr raue Faser oder doch sehr fein gediegen

Am fließenden Band
Das Bild fest im Rahmen an der Wand
Ich schreibe was ich fühle und was mich bewegt
Die Tinte auf dem Papier und der Füller in meiner
Hand

Geschichten und Bilder
Erzählungen aus jener Zeit
Getragen vom Kummer, doch auch von Freude
Alles ist erträglicher, wenn man es teilt

Momente erlebt – Bestand für die Ewigkeit
Das Herz hat gefühlt und die Seele gespürt
Wir bleiben nie stehen, wir gehen
Entgegen der Zeit

Jeder für sich, jeder von uns
Auf dem Weg mit jedem Schritt
Wir gehen nicht alleine doch –
Bleibt manches hinter uns zurück

Aschengold

Ein neues Jahr beginnt
Werde so sein wie ein Phönix –
Der zu fliegen versucht
Der aus der Asche steigt
Der Neues entgegen bringt

Ich habe es nicht vergessen
Ich stehe noch bei so manchen in der Schuld
Werde geben was ich kann
Bin gewillt für den Kurs es ist Zeit für Aschengold
Ich halte fest an meiner Spur
Trag es nicht groß auf und nicht nach draußen
Trage ihn ganz tief in mir
Einen leisen innerlichen Schwur

Da ist so viel Frieden in mir zurück
Ich habe begriffen es geht nur vor
Mit dem Kopf nach oben und gerade gerichtet mein
Blick
Alles Gute kommt wieder – irgendwann zurück

Vielen Dank an die Musik
An das Wort an die Sprache
Großen Dank an die Lyrik
An meine eigene Rhythmik
Schreiben befreit die Seele
Nun sehe ich wieder Wege –
Welche ich jetzt gehe

Auf Safari Durch Die Nacht

Es riecht nach Feierabend
Wieder einmal einen Tag verbrannt
Er geht auf in Rauch und Feuer
Jetzt wird es wild auf ins Abenteuer

Hisse deine Flaggen
Zähle deine Sterne aus
Jetzt geht's unter freien Himmel
Im Beton hält man es nicht lange aus

Im Rausch durchs Empfinden
Über Berg und durch das Tal
Fliege hoch hinaus
Lande sanft und ideal

Im Fall durch Pech und Schwefel
Auf Safari durch die Nacht
Wir bestimmen unsere Regeln
Habt Spaß und macht jetzt krach
Fühlt euch frei und seid dabei
Kommt jetzt mit auf Streifzug
Fangt jetzt an zu leben
Und lasst das Funktionieren sein

Fühlt euch frei und grenzenlos weit
Kommt jetzt mit auf Rundkurs
Fangt jetzt an zu leben
Und verkriecht euch nicht daheim

Der Duft von Freiheit schnupper ihn ein
Die Luft vom Frei sein hier bist du unter allen –
niemals allein
Schwenke deine Fahne – Reise zur „Hoffi"-Brücke
weit am Horizont
Du hast bloß vergessen zu leben – doch hast es mal
gekonnt

Ich weiß du willst leben wonach strebt es dir
Ich helfe es dir zu geben reich mir die Hand und
komm mit mir

Aufbruchsmut

Alles Gute, für deine Träume und Ziele
Wünsche ich dir
Wie abstrakt sie auch für andere sind
Mögen all die Ängste und Sorgen reisen
In die Ferne getragen, vom frischen Wind

Lass dich nicht zähmen, dich nicht lähmen
Geh die Richtung zu deinem Weg
Halte unterwegs nur an, wenn du es musst
Weil dein Aufbruchsmut, dir so verdammt gut steht

Gehe voran, komm finde dein Glück
Es ist nicht mehr weit, du hast es im Blick
Setze einen Schritt vor den anderen
Immer weiter und keinen mehr zurück

Bis hierher bist du schon gekommen
Du wirst noch weiter gehen
Das Wichtigste hast du gelernt
Wenn du fällst, dann wieder aufzustehen

Keinen Schritt den man geht, geht man umsonst
Wichtig ist, dass du jeden Schatten neu besonnst

Geh voran, geh voraus, zielgerichtet jederzeit
Mit Hoffnung und Zuversicht, ist der längste Weg
Nur noch halb so weit

Baue Deine Brücken

Ich träume mir mein Leben so
Wie es in Wirklichkeit nicht ist
Alles was hier zählt für dich und mich
Ist, dass du glücklich und zufrieden bist

Wenn dir Welt dir nicht geben kann
Wonach du suchst und was du brauchst
Dann öffne deinen Gedanken – lass sie frei
Es wird das Größte was du dir je erbaust

Lass deinen Geist frei
Und lass ihn werden
Zu dem was er kann
Sei Feuer, Wasser, Wind und Erde

Überwinde irdische Grenzen
Tief in dir und deinem Sein
Du bist der Erbauer
Der Fels und jeder Stein

Bau Brücken über jene Sehnsucht bis zum Horizont
Befreie dich aus dem Dschungel derer Ruinen
Deine Sehnsucht erbaut dir so viele Wege
Blut wird zu Öl, Antrieb deines Willens startet die
Maschine

Fährst auf den Straßen deiner eigenen Freiheit
Keine Grenzen gesteckt, auch Flügel die dir wachsen
Auf Rädern, in der Luft – im Meer
Überall wohin du willst, du bist auf deinen Achsen

Aufbruch Nach Phantasia

Ich will leben atmen frei sein
Flitzen im Wind
Ich will lachen singen tanzen
Noch einmal so wie ein Kind

Springen hüpfen lustig sein
Es gibt keine Grenzen
Ich bin im Aufschwung
Ich lass mich nicht mehr bremsen

Aufbruch nach Phantasia
In das Land der Gedanken voller Freiheit
Hier kann ich sein was ich will
Wer ich bin – Phantasia ist meine Heimatmelodie
Aufbruch nach Phantasia
Unbegrenzt ist hier deine Freizeit
Hier kannst du sein was du willst
Wer du bist – Phantasia von hier weg willst du nie

Tauche doch mit mir ein
Lass einfach los und du bist frei
Wenn du willst komm mit
Erlebe es mit mir und sei dabei

Schlag mit deinen Flügeln
Denn weiter geht's auf diesem Weg
Und wenn du mal zu straucheln beginnst
Bin ich der – der bei dir ist und an deiner Seite steht

Atlantis – Traum Der Wellen

Die Wellen brausen auf dem Meer
Das Horn der Ferne hallt schon sehr
Die See liegt ruhig nur zum Tages Beginn

Das Schiff zieht auf das Meer hinaus
Die Sehnsucht hält kein Matrose aus
Der Steuermann treibt die Mannschaft zu ihren
Träumen hin

Von den Sternenbahnen wacht Zeus der Gott
In sanfter Winde geführt von Poseidon sicher und
flott
Der schimmernd weite Ozean
Atlantis – Traum der Wellen kommt man dort je an
Es sind die Mythen und die Legenden
Heldentum und Seemannsnot
Ruhm und Ehre in Walhalla
Dort ein jeder Captain ruht

Sie ziehen weit und fern
Über das ganze Weltenmeer
Ahoi Matrose gute Fahrt
Auf deine Wiederkehr

An Bord ist reichlich Rum und Gold
So hat ein jeder Seemann schon gewollt
Piraten und Freibeuter der See
Ahoi Matrose gute Fahrt – auf deine Wiederkehr

Das Leben Ist Musik

Das Leben ist Musik
Jeder Song eine Erinnerung
Bilder unserer Zeit
Sie halten uns im Herzen jung

Erlebte Momente
Sie bleiben immer in uns drin
Ich wünsche euch allen, dass ihr glücklich seid
Dies ist der Grund warum diese Zeilen geschrieben
sind

Öffnet euer Herz
Fühlt diese Melodie
Der Song deines Lebens
Den vergisst du nie

Alle Parts, auch der Refrain
Diese endlos berauschende Poesie

Höre all die Klänge
Diese Höhen und diese Tiefen
Alles sind Wege
Wie sie einst verliefen

Lange Nächte kurze Tage
Gute Zeit
Alles was du hast ist dir
Für deine Lebenszeit

Wenn ich diese Zeilen schreib
Fühl ich mich leicht und frei
Meine Worte schreibt die Feder
Federsprache ist und bleibt es auf ewig

Dass Es So Ist – Wünsche Ich Dir

Hat dich jemals – jemand gefragt
Welche Pläne und Ziele du dir fasst
Hat sich jemals – jemand interessiert
Welche Träume du in dir hast
Welchen Weg du gehen willst
Ob das Leben deine Sehnsucht stillt
Oder ob du gerade glücklich bist

Dass es so ist – wünsche ich für dich

Hat dich jemals – jemand gefragt
Was du denkst, wenn du ganz still bist
Hat sich jemals – jemand getraut zu sagen
Dass du strahlst wie das Sonnenlicht
Und ob du gerade zufrieden bist

Dass es so ist – wünsche ich für dich

Hat dich jemals – jemand gefragt
Ob du einsam und alleine bist
Hat sich jemals – jemand getraut dir zu sagen
Wie schön es an deiner Seite ist

Dass es so ist – wünsche ich für dich
Wünsche ich dir von ganzem Herzen
Ich meine es ehrlich so wie ich es schreib
Wenn du dich über so etwas freust
Schreibe ich dir mehr in nächster Zeit

Blickwinkel

Rampenlicht – Lebenshauch
5 Minuten Ruhm – dann Applaus
Halle gefüllt – Erwartung steigt
Für gute 10 Minuten – auf der Bühne gezeigt

Mikrofon – Stimmenklang
Aufregung pur – seit der ersten Sekunde an
Blickwinkel von der Stage – Blickwinkel vom Platz
Blickwinkel neutral – sie haben mich erfasst

Gänsehaut – Herzbibbern
Große Aufregung – Stimmzittern
Auftritt beginnt – ich stehe da
Lese meine Zeilen – was nehme ich wahr

Ich fühle den Text – Gedanken steigen
Emotion laden – sich allem zeigen
Mimik, Gestik, - Grammatik, Ästhetik
Selbst sein es spüren – es leben, es fühlen

Meinungsstark – Bedenkenlos
Der Kleine von damals – nun ganz groß
Mikrofon in der Hand – Text im Griff
Wort und Emotion transportieren – feiner Schliff

Gefühl ist gut – Lebensecht
So soll es sein – ich lebe jetzt
Der Texte zu Ende – Mikro ist weg
Nehme mich zusammen – Trete vom Fleck

Der Moment er tritt ein – Applaus von allen Seiten
Ich nehme ihn mit – während meiner Bühnenzeiten
Blickwinkel und Rampenlicht – bin ich gut oder bin
ich es nicht
Fragen die da kommen und wieder gehen – kann
reflektieren und weiter nach vorne sehen

Ich will leben was ich fühle – zeigen, dass alles geht
Ich will leben und es spüren – Zeile für Zeile, die
mich bewegt

Der Bock Ist Blau

Alles im Kasten
Die Farbe im Eimer
Bescheiden gelaufen
Die Erfahrung ist reicher

Alles im Überschuss gegeben
Null Komma nichts gewonnen
Miserabel gespielt
Überragend verloren

Wenn es nicht läuft
Und dann noch klemmt
Ist das Fass bodenlos
Und die Luft sie brennt

Es läuft nur rückwärts
Und auch noch bergab
Der Jäger fällt vom Sitz
Und der Bock er haut ab

Sehr schief gelaufen
Nicht gerade die Linie
Ich fresse den Besen
Es schmeißt die Fliege

Die Bombe sie tickt
Der Zug er entgleist
Läuft herrlich beschissen
Wenn das Leben dir vor die Füße scheißt

Am Ziel vorbei geschossen
Sauber und souverän
Das Korn gepickt
Dann wird der Hahn nicht mehr krähen

Die Sau ist fett
Der Bock ist blau
Wenig sehen werde ich viel
Darum sage ich ciao

Die Rittersleut

Die Rittersleut'
In ihrer Rüstung
Stahl und Eisen
Sie umhüllen

Den Krug und Kelch
Den sie stemmen
Mit Bier und Wein
Sie ihn befüllen

Kreuzzüge und Hexenjagd
Vieh und Magd ein Leben lang
Rauf auf Pferdekutschen
Gefallen in den Graben neben an

Gerülpset und gefurzet
Für das leibliche Wohl gesorgt
Das Herz am Strahlen das Gesäß am Brummen
Das Weibe lediglich besorgt

Rittersleut
Auf dem Zuge
Durch Wälder über Bäche
Zu den Burgen
Unterwegs
Gefeiert und gesoffen
In einer großen Runde
Voller Schurken

Noch 5 Minuten

Gib mir noch 5 Minuten
Nur noch 5 Minuten
In dieser Zeit schreibe ich noch einen kurzen Text
Inhalt ganz gleich und offen, weil ich ja fast schon
hex´

Wie oft sagt man
Nur noch 5 Minuten

5 Minuten noch im Bett
5 Minuten noch für dich und mich
Nur noch 5 Minuten
Die sind doch nicht lang
Doch sie reichen, sind nett und so herrlich

Gib mir noch 5 Minuten
Nur einfach noch 5 Minuten
Dann bin ich ganz und gar bei dir
5 Minuten noch, dann werde ich mich sputen

5 Minuten
Noch mal solange die Äuglein schließen
In diesen 5 Minuten
Können neue Träume sprießen

5 Minuten
Gedankengänge in voller Länge
In dieser Zeit
Zeit für sich nehmen in der Menge und im Gedränge

Gib mir noch 5 Minuten
Nur noch 5 Minuten
In dieser Zeit schreibe ich noch einen kurzen Text
Inhalt ganz gleich und offen, weil ich ja fast schon hex´

Kälte Und Kuscheln

Die Zeit mit dir war zu schön
Doch unsere Wege trennten sich
Und immer wieder denke ich zurück
An unsere Zeit – ich vermisse dich

Ich erinnere mich an die schönen Momente
Sie waren voller Wärme und Licht
Während die Sonnenstrahlen auf uns schienen
Wie kann ich nur leben ohne dich

Ich habe dich sehr geliebt
Doch das Leben verläuft nun mal so
Die Zeiten sie verändern sich
Doch ich weiß ich war mit dir sehr froh
Als du nicht mehr zärtlich zu mir gewesen bist
Habe ich es gemerkt unser Ende ist in Sicht
Die Entscheidung glaub mir fiel mir schwer
Glaube mir – ja ich vermisse dich echt sehr

Ich musste von dir gehen
Ich ließ dich zurück
Doch heute weiß ich genau
Jetzt habe ich ein besseres Stück

Du warst am Ende zu grob
Dies war nicht mehr nett
Jetzt liege ich auf einer anderen
Matratze in meinem neuen Bett

Als Holger Volker Folgen Sollte

Holger folgte Volker
Als Holger Volker folgen sollte – fragte sich Holger
Was Volker denn wohl wollte
Dass Holger Volker folgen sollte

Während sich Holger fragte – was er bei Volker
sollte
Wollte Olga – Frau von Holger eine Kolter
Holger war bei Volker und dachte auch Olga
Und während sich Holger fragte – was Volker wollte
Spannte ihn diese Frage auf die Folter

Holger war bei Volker und folgte ihm
Die Gedanken waren doch bei Olga und der Kolter
So hatte Holger eine wahre Gedankenfolter – denn
die Gedanken kreisten nun um
Volker Olga und die Kolter – und der Volker fragt
sich Holger – was wollt er

Als Volker dann zu Holger folgte
Sagte Volker – was der Holger nun bei Volker sollte
Holger sagte Volker – und plötzlich stand da Olga
und frage wo ist meine Kolter
Holgers Stirn runzelt sich

Was für eine Folter
Da steht Volker – man was wollt er
Jetzt noch Olga mit ihrer Kolter
Ich bin Holger und habe eine Gedankenfolter

An Diesem Tresen

An diesem Tresen in dieser Bar
Dieser eine Abend, der unvergesslich war
Die ganzen Flaschen im Tresen-Schrank
Ich habe sie überstanden, ja Gott sei Dank!

Ein bisschen beschwipst
Vielleiht ein bisschen besoffen
Gläser waren klein – aber viel
Wie ein Loch habe ich gesoffen

Jägermeister, Jim Beam, Bacardi
Jacky Cola, Wodka E und Asti Cinzano
Voll wie ein Eimer – Jamaika Rum
Batida de Coco und Blue Curacao

Ich flog wie der Vogel im Paradies
Fühlte mich wie der Löwe freier Wege
Schwang wie ein Adler die Flügel
Doch flog auf den Kneipenboden im Gehege

Sturzbesoffen so steht es um mich
Weder klar noch grade aus geht mein Blick
Ich will noch nicht nach Hause
Sondern einfach nur an die Theke zurück

Ist das, das Paradies?
Ich sehe Licht es scheint so hell
Ich komme langsam zu mir
Ist nur das Neonlicht, es scheint so grell

Es wird langsam aber sicher
Echt Zeit für mich zu gehen
Muss nach Hause doch kann weder
Richtig laufen, stehen oder gehen

Kerzenlicht Und Flammendocht

Ein letztes Wort
Eine letzte Träne
Dass ich dich überhaupt
Hier noch einmal erwähne

Es tut mir leid
Es war an der Zeit
Wenn es vorbei ist
Dann ist es vorbei

Habe dich noch einmal angesehen
Ich kann es nicht verstehen
Unsere Wege werden jetzt
In verschiedene Richtungen gehen

Ich habe ich dich sehr gemocht
Bei Kerzenlicht und Flammendocht
Romantisch schön und warm
Jetzt bin ich sehr traurig wie es kam
Ein letzter Blick zu dir
Auf deine schönen Farben
Kann es nicht fassen
Unsere Zeit sie ist verbraten

Ich wollte dich sehr
Doch wir haben es überschritten
MHD – es ist abgelaufen
Verdammt! Nein! Ich liebe doch Erdbeerschnitten

Castingshow

Ein paar Minuten Rampenlicht
Ja vielleicht erfüllt es dich
Doch nach der Show ist vor der Show
Dann wirst du weggewischt

Unterhaltung für die Massenzucht
Man macht mit dir fett Kasse
Scheißegal wie du dich fühlst
Gespött der Extraklasse

Paar Sekunden falscher Ruhm
Langer Spott für dein Tun
Fleischbegierde – Massengau
Komm mach mit in der Castingshow

Talent ist hier nicht gefragt
Sondern nur – wer sich was wagt
Kurz mal hier zum Deppen gemacht
Das ganze Volk hat mal gelacht

Leere Seelen ausgebrannt
Große Träume gebaut auf Sand
Die Casting Crew lässt sich feiern
Voll das Konto – dick die Eier

Massenhaltung und Dressur
Das ist Deutschlands Pop-Kultur
Wo sind die Helden unserer Zeit mal ganz echt
Wenn ich all das sehe kommt mir das Kotzen mir ist
schlecht

Begegne Dieser Welt

Du begegnest dieser Welt
Mit deinen Träumen
Siehst da Wege, die du gehst
Bis du ankommst an deinen Zielen

Unterwegs bekommst du
Feedbacks und Kritik
Am Anfang vielleicht wenig
Doch es werden mehr, dann sind es viele

Auch mir ist es so ergangen
Habe auch einmal ganz hinten
In der langen Reihe angestanden

Heute höre ich so viele da draußen reden und sie
sagen
Ich habe Träume doch, wahr werden sie ja eh nicht
Ich habe Wünsche doch, erfüllen lassen sie sich
auch nicht
Ich habe Ziele doch, erreichen werde ich sie eh
nicht

Und ich denke so für mich
Hey Leute, so anders wie ich, seid ihr doch gar nicht
Auch ich habe Träume, Wünsche, Ziele und sie
ziehen mich
Treiben mich voran, durch dieses Leben

Dachte ich auch schon oft –
Nein, es geht nicht
Doch alles geht, was du auch schaffen willst
Es wird dir gelingen

Kein Musiker wird erfolgreich
Wenn er nicht lernt zu singen
Kein Fußballer kommt in eine Liga
Wenn er nicht trainiert

Sag also nicht – du kannst nicht
Bevor du es nicht selbst probierst

Alles Gute

Schau mal ins Leben
Sieh wie die Farben blühen
Nimm dir die Zeit
Lass es dich berühren

Schau in die Ferne über den Horizont
Sieh den schimmernd-strahlenden Sonnenschein
Er wirft an jedem neuen Tag
Wieder Licht hinein

Entdecke sich selbst und lebe deine Farben
Sei du und lass es zu stelle keine Fragen
Sei dir bewusst es ist dein Leben
Deine Gefühle sind dir – lass sie dir nicht nehmen

Erkenne dich selbst und schätze wer du bist
Du wirst es schaffen auch wenn es gerade schwierig
ist
Schau in den Spiegel – das Bild spiegelt dich selbst
Keine Schande zu fallen – doch stehe auf, wenn du
fällst

Lass die Sonne in deinem Herzen scheinen
Dann kann es draußen regnen – stürmen und
schneien
Ich wünsche dir alles – alles Gute in der Stille dir
ganz leise
Trau dich mach den Schritt – auch ich begann die
Reise

Gestalte

Gestalte die Zukunft in der Gegenwart
Stelle die Weichen heute, für morgen
Leihe dir vom Leben etwas Mut
Auch eine Portion Glück kannst du dir borgen

Glaube an dich – heute, jetzt
Am Tag, am Abend, in der Nacht, für immer dran
Jede Reise zum gewünschten Ziel
Fängt mit, des ersten Schrittes an

Lass dir Flügel wachsen
Sei der Zauberer in deiner Welt
Gestalte und kreiere alles
Wie es dir beliebt und auch gefällt
Reise zu deinen Träumen
Trage den Frieden weit übers Land
Stille all die Sehnsucht
Komme wohl und auch zufrieden, deiner Reise an

Lebe, entdecke, genieße und lache
Verbreite Freude, welche du erlebst
Sei die Hoffnung aller Trauer
Bis der Sturm, sich zur Ruhe legt

Singe, springe und atme
Sei der Zauber in dir selbst
Werde zu Sternen in dunklen Nächten
Alle Dunkelheit, die du erhellst

Farbenwelt

Es gibt keinen Grund von dir zu gehen
Aber 1000 um zu bleiben
Ich gehe mit dir nicht bis ans Ende
Sondern durch alle Ewigkeiten

Der Regen fällt die Sonne scheint
Der Schnee er fällt die Zeit sie schweigt
Der Zeiger tickt und die Zeit verstreicht
Die Liebe ist was letztlich zählt und bleibt

Alles glänzt im neuen Schein
Gefühle tanzen sie trägt der Wind
Die Liebe beflügelt sie macht uns frei
Was sie mitbringt ist Lebensmut mit dem alles neu
beginnt

Ich fühle mich frei lebendig und federleicht
Spüre wie der Schatten vom Herzen weicht
Blick zum Himmel – schöner Schimmer Wolkenmeer
Ich schätze das Leben heute im Vergleich zu damals
ja wirklich sehr

Ich liebe schwarz und grau und ja auch weiß
Doch mein Leben hat Farbe und du bist der Beweis
Der Klang von Freiheit und dem Rausch der Wellen
Bist mein zu Haus – meine Farbenwelt

Ist der Lebensmut wieder geweckt
Kehren wir auf den Weg des Glücks zurück
Wie geleitet gar wie geführt
Wir haben uns tief im Innern sehr berührt

Perlenglanz
Neues Zeitgeschehen
Ohne Schwermut dem Sonnenlicht
Wieder entgegengehen

Freundschaft

Manchmal im Leben auf unseren Wegen
Wissen wir nicht welchen Menschen wir begegnen
Welche uns begleiten gar uns manchen Schritt doch
ebnen
Und für den Rest des Weges bei uns bleiben

Wir lernen ihnen zu vertrauen
Schätzen auf sie zu bauen
Stein für Stein setzen wir aufeinander
Gehen durch das Leben miteinander

Gesten Worte – Taten die Freundschaft entsteht
Freundschaft bindet in allen Lebenslagen
Nicht die Entfernung ist entscheidend
Sondern ob die Menschen es ehrlich mit sich
meinen

Wer im Leben geht oder bleibt
Wird die Zeit Jedem von uns zeigen
Wir gehen entgegen der Zeit
Entgegen allem was bleibt
Entgegen der Hoffnung und des Glückes
Sind all unsere Gedanken geteilt

Hiermit sage ich vielen Dank
Für die gute Zeit
Dieser Freundschaft und all den Weg
Der gegangen wurde und noch weiht

Freundschaft ist was ein Freund schafft
Ganz egal was die Zeit auch bringt
Was man auch zusammen erlebt
Gemeinsam entgegen der Zeit – entgegen dem
Wind

Geschwisterlein

Es ist nicht mehr wie früher
Es vergeht die Zeit
Sie nimmt vieles mit – nur ganz selten
Lässt sie etwas da oder gibt sie etwas zurück

Doch wir tragen uns im Herzen
Über Strecken durch jede Zeit
Die Türen sind immer geöffnet
Der Weg bleibt gleich – egal wie lang und weit

Kindertage – eine gute Zeit ging vorbei
Verging wie im Nu
Nichts bleibt es war
Konnten immer auf unser Wort vertrauen
Ganz egal was auch kaputt ging
Konnten immer wieder aufs Neue bauen

Die Zeit hat uns im Visier
Wir gehen unsern Weg
So läuft das hier
Kind – Teenagezeit
Erwachsen sein
Freunde Hochzeit Familie
Dein und mein
Doch du und ich sind und bleiben
Geschwisterlein

So tragen wir Früchte in die Welt
Kinderhand – die deine nun hält
Familie ist und bleibt was im Leben
Steht oder auch fällt

Helden Der Kinderzeit

Wir waren mal jung
Wir waren mal frei
Und uns gehörte die Welt
Doch irgendwann
Hat irgendetwas
Diesen Gedanken verstellt

Wir sind immer noch die
Die wir damals schon waren
Haben uns nur leicht verändert
In all den vielen Jahren

Wir waren Helden, Fußballstars
Und auch Astronauten
Kein Traum war zu groß und unerreichbar
Bei denen, die wir bauten

Wir waren die Helden
In der Kinderzeit
Doch die Träume sind geblieben
Und der Weg, den wir gingen der war weit

Wir brachen auf, verließen die Heimat
Schauten auf zu Haus – im Blick zurück
Bei allem was vor uns lag
Nahm die Erinnerung uns mit bei jedem Stück

Ich Wünsche Euch

Ich wünsche euch Freude
Den lebenslangen Erhalt eurer Jugendträume
Ich wünsche euch Liebe – Wärme und Geborgenheit
Schöne Momente während eurer Lebenszeit

Ich wünsche euch
Dass ihr alle glücklich seid
In jedem Augenblick
In Raum und Zeit

Ich wünsche, dass ihr Freiheit habt
Und diese auch lebt
Jede Sekunde
In der es auch nur geht

Ich wünsche euch Frieden
Von ganzem Herzen – dass Tränen nur fließen vor
Glück
Dass jeder Tag der kommen mag
Einfach euer bester wird

Ich wünsche euch allen eine frohe Zeit
Dass Hoffnung – Glück Kraft und Mut stets in euch
weilt
Ich wünsche euch auf euren Wegen
Strahlende Sonne – Mond und Sterne und einen
Regenbogen
Bei allen Niederschlägen als trostvollen Segen

Ich wünsche, dass eure Gesichter strahlen
Denn vergesst eines nie
Freude die wir haben und leben
Wir können sie nicht bezahlen

Hör Nie Auf Anzufangen

In jedem Beginn steckt Leben, du versprühst
Lebensfreude
Du setzt einfach alles, in deine Lebensträume
Lass es dir nie nehmen
Doch tu mehr, als genug nur geben

Tu einfach was dir Freude schenkt
Hoffnung, Liebe, Glück, alles woran dein Herz grad
denkt
In jedem Augenblick, steckt dein Leben und du
selbst, nutze den Moment
Egal was andere sagen, solange du dir sagst, ja mir
gefällt´s

Wo andere nur Schatten sehen
Da schein du so hell wie das Licht
Wo andere dich bremsen wollen
Da geh voran und glaube an dich

Hör nie auf anzufangen
Fang niemals an aufzuhören
Gib nie auf neu anzufangen
Fang niemals an mit etwas aufzuhören

Wo andere im Nebel der Sicht erblindet sind
Dort sei du Trost, wie die Fackel im stärksten Wind
Es ist nicht ohne Grund, dass du so bist wie du bist
Denn du bist ein Mensch mit Herz, du kämpfst und
ich sag dir
Dass es genau so richtig ist, dass du so richtig bist

In jeder neuen Aufgabe, wächst du näher an dich
heran
Jede Herausforderung nimmst du immer besser an
Du bist richtig wie du bist, lass dir nichts erzählen
Von keinem Andern und vor allem keinen Mist

In jedem Beginn steckt Leben, du bist die
Lebensfreude
Weil du alles gibst, verlierst du nie deine
Lebensträume
Lass es dir nie nehmen, du weißt selbst, du musst
alles geben
Tu einfach was dir Freude schenkt, lebe dich selbst
und dein ich, wird unendlich reich beschenkt

Jemals

Hast du jemals gelebt
Hat dein Herz schon mal gebebt
Hast du jemals geliebt
Hast du dieses Feuer schon mal gespürt

Hast du jemals nachgedacht
Was hat dein Leben dir schon erbracht
Hast du jemals schon gefühlt
Hat das Glück dich schon mal berührt

Hast du schon jemals JA gesagt
Hast du dich zu verlieren gewagt
Hast du vor irgendetwas Angst
Denkst du, dass du etwas nicht kannst

Hast du schon mal gedacht, hat das Leben einen
Sinn
Hast du schon mal gedacht, wir laufen alle auf ein
Ziel hin
Wir sind alles Menschen, wir streben nach Glück
Nehmen oft nur an, doch geben selten nur zurück

Hast du schon mal geweint
Hast du manchmal Mitleid
Hast du schon mal verziehen
Ließ man dich schon mal ziehen

Hast du schon mal bereut
Ging von dir schon mal ein guter Freund
Hast du schon mal gehasst
Hat das Leben dir schon mal eine verpasst

Hast du schon mal das Schicksal gefordert
Hast du deinen Willen schon mal gefordert
Hast du wirklich schon jemals gekämpft
Oder hat die Verzweiflung dich ausgebremst

Komm Vorbei

Ich bin kein Therapeut
Doch spreche den Menschen aus den Herzen
Bin kein Medikament was betäubt
Denn auch ich kenne des Lebens Schmerzen

Ich schreibe Texte aus meinem Leben
Unausweichlich der Realität
Ich weiß viele haben davor Angst
Aber es ist doch euer Leben und dies ist lebenswert

Sagt was ihr denkt
Sprecht aus was ihr wollt
Ein reines Herz
Ist so viel wertvoller als Gold
Sagt was ihr fühlt
Sagt was ihr liebt
Lebt nach was es euch bestrebt
Unerreichtes erfüllt uns nie

Lächele dem Tag entgegen
Bei Sonne Wind und Regen
Der Nebel löst sich auf – der Sturm legt sich
Wichtig ist nur lebe dein Leben

Lebe liebe und atme tief ein und aus
Alles was du willst – sei still und leb es aus
Denke nicht zu viel nach und rede nichts entzwei
Geh los auf deinem Weg und komm bei mir vorbei

Lebe Jetzt

Der Tod er ist
Uns allen gewiss
Darum lebe solange
Du lebendig bist

Mach dich auf, geh da raus
Lebe dich aus
Sei nicht wie jeder
Mach woran du glaubst

Und machst du
Auch mal Fehler
Du gehst auf Wegen
Die du dir selbst baust

Keine Angst – was du willst
Du es auch kannst
Jeder Tag gibt dir
Eine neue Chance

Mach dich auf in dein Abenteuer
Sie der Funken, entzünde jedes Feuer
Lebe jetzt und lebe es lang
Lebe dort und lebe dann

Verschiebe es nicht auf später
Denn später kommt nie zurück
Alles ist jetzt, jedes noch so kleine
Glück im Augenblick

Spanne den Bogen
Ziele aufs Glück
Weite die Flügel
Fliege zu dir zurück

Laut Und Viel

Lache laut und viel
Dass es reicht, wenn die Sonne mal nicht scheint
Laut und viel
Dass es dich trägt durch die kalte Regenzeit

Tanze unter den Sternen
Unter dem Wolkenbild
Bis die Sonne sinkt
Und die Träume getragen werden vom Wind

Lebe Fröhlichkeit im Herzen
Spaziere durch den Tag
Auf das kein
Schatten mehr aufkommen mag

Das ist Traurigkeit – Lyrik
Melancholie und Poesie
Wer nicht im Leben getrauert hat
Versteht diese Zeilen nie

Das ist traurige Literatur
So kommt sie auch mal vor

Das Leben ist bunt – schwarz/weiß/grau und alles
zugleich
Das Herz ergriffen und schwer der Verstand – ich
weiß

Land Erreicht

Wenn dein Leben grad am Stocken ist
Kein Rettungsast grad zum Greifen nahe ist
Gib nicht auf
Halte durch – es gibt einen Weg da raus

Wenn die Zeit es grad nicht gut mit dir meint
Nur Regen fällt und keine Sonne scheint
Gib nicht auf
Bleib jetzt stark – es gibt einen Weg da raus

Auch wenn der Himmel grad so triste wirkt
Gedanken matern und dein Hirn zermürbt
Gib nicht auf
Halte deine Deckung – gehe weiter gerade aus

Auch wenn grad das letzte Licht erlischt
Der letzte Funken im Feuer zischt
Gib nicht auf
Sei bereit – halte den Kurs weiter gerade aus

Wenn auch dein Anker längst geworfen ist
Trotz all dem eine Welle bricht
Gib nicht auf
Bleib auf Kurs – halte aus es naht ein Weg da raus

Wenn die See auch stürmisch ist
Das Notsignal schon gesendet ist
Verliere nicht deinen Mut
Halte aus – schon bald kommst du hier raus

Voller Hoffnung und voller Kraft
Bleibst du stark, weil du so vieles schaffst
Land in Sicht – halte aus, die Rettung naht
Der Weg da raus – folge dem Weg da raus

Der letzte Zweifel er knickt ein
Den Weg geschafft du stehst für dich ein
Land erreicht – du hältst so vieles aus
Weg betreten jetzt geht's da raus – jetzt geht's raus

Hätte Ich Aufgegeben

Hätte ich damals beim Scheitern aufgegeben
Wäre ich heute nicht auf dem Wege den ich gehe
Dann wäre ich überall aber nicht –
An diesem Platz an dem ich heute hier stehe

Es geht sich nicht so leicht mit Beinen so schwer wie
Blei
Wenn noch viel Sand im Getriebe steckt
Doch wegzurennen – so löst man Probleme nicht
Man muss sich seiner selbst stellen sonst erkennt
man sich nicht

Verlieren ist hart und es schmerzt wirklich sehr
Doch das Leben geht voran – du darfst nicht liegen
bleiben
Solange Luft in deinen Lungen ist und Feuer im
Herzen brennt
Kannst du wieder wie der Adler in den Himmel
steigen

Wärst du nicht bereit – zu geben und zu kämpfen
So würdest du nichts mehr wagen nichts mehr
riskieren
Doch wir alle im Leben suchen und suchen
Müssen dabei einstecken – drauflegen und
verlieren

Bist du bereit für alles im Leben bis an die Grenzen zu gehen
So wird dir gelingen – wo Verlierer neben dir stehen
Sie werden dich beachten und zu dir aufschauen
Sei das Bild ihrer Hoffnung – auf, dass sie noch einmal neu aufbauen

Gehst du den Weg mit all deiner Liebe und Bereitschaft
Durchs Feuer durch die Flammen und Schutt
Für das Gute und die Vollkommenheit deiner Träume
So wirst du deinen Weg finden – glaube an dich und alles wird gut

Herzblut

Entweder du steckst ein
Hältst deine Fratze hin und frisst
Oder stellst dich allem gegenüber
Zeig die Zähne und wer du bist

Nein! Sind nicht alles Menschen
Die es mit dir im Leben gut mein'n
Streckst die Hand aus und sie
Spucken dir so dreist rein

Sie wollen, dass du aufgibst
Dich umdrehst und weggehst
Doch kein verstecken, bei allem was du tust
Ganz egal was du auch versuchst

Es ist dein Leben
Deine Überzeugung
Dein Herzblut, dein Tun
In keinster Weise – Zeitvergeudung

Halte daran fest
An den Dingen an die du glaubst
Nur wenn der Glaube bricht
Ist es sicher, dass du keine Brücke dir erbaust

Wie viele wollen
Dich gerne fallen sehen
Wie viele wünsch dir
Dich immer nur im Kreis zu drehen

Lass sie es doch wollen
Drehe dich so oft und auch viel
Drehe dich um sie herum, alles was du gewinnst
Den Rhythmus deines Lebens, schwing die Hüfte
Befrei dein Herz, es ist ein unglaubliches Gefühl

Und wenn sie staunen und ihre Augen groß sind
Dann noch stummen Blickes, es nicht fassen können
Umso schöner, umso besser, ja umso freier
Wirst du dich in ihrer Umgebung bewegen können

Gottes Auge Wacht

Heldenmut und Freiheit
Danach steht uns der Sinn
Das ist unser Leben
Warum wir Freibeuter der Meere sind

In diesen Momenten ist alles vergessen
Auf weiter See da sind wir frei
Gottes Auge wacht bei Tag und Nacht
Er ist an der Seite eines Jedermanns dabei

Ein frischer Hauch von neuem Leben
Auf in die Zukunft in eine neue Zeit
Neue Dingen sehen und erleben
Dafür sind wir alle Zeit bereit

Wo alles nicht wollte wie es sollte
Wird es nun besser denn je
Denn im Alter liegt unsere Reife
Vergangene Chancen schmelzen weg wie Schnee

Wir haben Sehnsucht
Sehnsucht nach einer Zeit
Die uns über Ozeane treibt
Unsere Herzen wirken auf Fahrt wie befreit

Und wir fragen uns nicht
Ist unser Weg auch noch so weit
Und die Zeit steht still wir versuchen zu finden was
ein jeder will
Der Zeiger tickt so still und leis in uns ist es ruhig
und gelassen was ein jeder weiß

An Die Hand

Nimm es an die Hand
Was dich durch das Leben trägt
Höre auf den Takt
In welchem dein Herz schlägt

Ein neues Leben und neue Akzente
Wenn es beginnt dann denke nicht ans Ende
Du weißt doch wofür du lebst
Lass dich von deinen Träumen tragen bis du
schwebst

Mach dich locker leicht und frei
Was du nicht beginnst ist schon vorbei
Lass es zu denn es ist deine Zeit
Nimm dir so viel wie dir nur übrig bleibt

Die Winde wehen und der Regen fällt
Gehe deines Weges, wenn es sein muss bis ans
Ende der Welt
Und auch noch weiter
Bleibe dort wo es dir gefällt

Das Erklimmen des Gipfels
Ist die Aussicht der Berge
Alles was du tust es bleibt
Ein Teil deiner Lebenswerke

Auch Wenn

Auch wenn du träumst
Auch wenn du denkst und hoffst und liebst
Auch wenn du kämpfst
Vergiss nie wer und was du bist

Auch wenn man dir etwas verspricht
Auch wenn du dir sagst – es klappt etwas nicht
Auch wenn du glaubst und vertraust
Verlass dich selber nie – verliere nie dein Gesicht

Auch wenn alle dich verlassen
Auch wenn du die liebst die dich fallen lassen
Auch wenn du um die kämpfst die dich gehen lassen
Lass sie gehen – renne keinem nach
Geh deinen Weg

Auch wenn du denkst du hast keinen Halt
Auch wenn du fällst stehe wieder auf nach dem Fall
Auch wenn du weinst und Tränen fallen herab
Es geht wieder aufwärts auch nach jedem bergab

Auch wenn der Kummer dich quält
Auch wenn die Trauer dich zähmt
Auch wenn die Seele weint – das Herz auch schreit
Auch wenn alles längst verloren scheint
Vergiss nicht – auch dein Glück es ist nicht mehr
weit

Berge Versetzen

Berge versetzen, Bäume verschieben
Hoch auf Häuser, um tiefer zu fliegen
Auf jeden und alles, voraus mit Gebrüll
Schief durch den Wind, verdutzt steht er still

Grenzen – grenzenlos machen
Augen nie wieder schließen
Um nicht mehr aufzuwachen
Blödsinn machen, Leben lieben
Jede Traurigkeit weg lachen

Sachen packen, auf den Weg machen
Lautstark, KOMM-AN-DO – LOS! Lass krachen
Biegen und brechen, Ehrenwort halten
Ohne leere Versprechen

Atme ein und atme aus
Bleibe dir treu
Kompass Richtung Meer
Auf geht's – AHOI

Im Sumpf baden, den Treibsand treten
Riesenrad schlagen, runter mit den Tapeten
Reit deine Welle, auf zum Horizont
Über den Regenbogen, greif ab – was du bekommst

Mit Vollgas zu den Sternen
Weit der Zeit voraus
Werfe den Anker über die Reling
Dein Herz ist zu Haus

Packe die Sonne ein
Versprühe Sternenstaub
Das Leben ist bunt, schön
Es ist stark, es ist laut

Bring Dich Nachhause

Du weißt doch nun wie die Winde wehen
Du weißt die Zeit wird weitergehen
So vieles liegt hinter dir – ziehe einen Strich
Konzentriere dich auf das – was jetzt ist

Mach dich frei
Schwing die Flügel breite sie aus
Schlage sie soweit du es nur kannst
Und bringe dich nach Haus

Steck nicht nur ein
Sondern hole aus
Gib alles was du zu bieten hast
Aber niemals auf

Mach dich frei
Schwing mit deinen Flügeln
Breite sie aus

Die Zukunft liegt vor dir
Da ist noch unentdecktes Land
Lass dir dein Licht nicht verdunkeln
Handle nach Herz und nach Verstand

Du weißt doch wie die Winde wehen
Du weißt jetzt – alles wird weitergehen
So viel liegt hinter dir zurück
Setze einen neuen Kurs – auf in Richtung Glück

Dem Frieden Neue Farben

Ein letzter rührender Blick zurück
Vergangenheit entzückt
Keine Zweifel und keine Tränen
Nur dieses Wort noch mal erwähnen

Heute denk ich
Mancher Schritt war vielleicht zu viel
So im Nachhinein
Doch egal – es war eine gute Zeit
Auch wenn manche Wunde
Vielleicht niemals ganz verheilt

Doch ich will einfach wieder leben
Neuen Dingen entgegentreten
Die Flügel ausbreiten und weite Wellen schlagen
Vergessen was war und neue Level starten

Keinem Zweifel mehr Gnade schenken
Einfach frei leben treu den Gefühlen
Ohne große Bedenken

Ich schenke dem Frieden neue Farben
Dämonen und Phantome geistern herum
Doch so tief im Innern werde ich sie verjagen
Sie wollen, dass ich leide – erinnern mich an meine
Narben
Doch Gott weiß ich schenke dem Frieden neue
Farben

Ich hatte das Gefühl bin im Leben nicht weit
gekommen
Doch von den ersten Zeilen an bist heute hat dieser
Weg begonnen
Viel erlebt und viel bewegt auch viel vergessen
Doch reich ist die Erkenntnis das alles weitergeht

Brief An Dich

Sitz mal wieder hier
Ich bin am Schreiben
Gedanken bei dir
Ganz in diesen Zeilen

Wir wollen doch zusammen sein
Wollen uns lieben nicht verletzen
Wissen beide wir sind nicht einfach
Dürfen die Zeit zum runter Kommen nicht vergessen

Ich wollte dir nicht weh tun
Wollte dich nicht verletzen
Wollte dir keinen Druck oder schlechtes Gefühl
geben
Manchmal kommt ein Moment
Und dann noch einer dazu
Und dann wird es zu viel –
Manchmal im Leben

Doch ich will, dass du weißt
Dass ich dich liebe
Dich und meine Zeit mit dir
Bei allem was auch noch kommt
Bitte vergiss das nicht hier

Weiß der Wind
Warum ich so bin
Will manchmal raus
Doch stecke in mir drin

Mein Leben ist vielleicht nicht normal
Und ich war es vielleicht auch noch nie
Wenn ich schreib´ bin ich allein
Und weiß so tu ich keinem weh

Brief an dich – Ich liebe dich
Das ist ein Brief an dich
Ja ich liebe dich

Den Frieden Malen

Alles zieht vorbei
Kaum etwas will weilen
Es ist fast wie in einem Text
Immer neue Zeilen

Heute hier
Morgen da
Nichts bleibt so
Wie es mal war

Morgen dort
Heut´ noch hier
So wie das Wort
Auf dem Papier

Frische Winde, neue Züge
Weite Wege noch voraus
Ich atme ein, halte die Luft an
Und lasse sie wieder raus

Was ist für immer, wo ist der Stern
Ein Hoffnungsschimmer
Solange wir glauben, hoffen und denken
Wird das Gute niemals enden

Die Träger, die Säulen, sie tragen das Himmelszelt
Wenn vieles auch zerfällt, sie stützen diese Welt
Gemeinsam, zusammen über Berg und durch das
Land
Morgenfrische, Abendrot – alles geht leichter Hand
in Hand

Das Böse richten, die Wurzel vernichten
Der Glanz der Schönheit beschreiben und dichten
Den Frieden malen und Farben schenken
Das Leben beginnen statt der Leben zu beenden

Alles Was Geht

Du kannst scheitern – ja
Es kann schief gehen klar
Aber wenn du nix versuchst
Steht es schon längst fest und das ist wahr

Das ist wahr und echt traurig
Weil du könntest, wenn du solltest
Und du schaffst es
Alles – alles, wenn du gibst was du wolltest

Ich finde keine Lösung
Ich bin doch auf den falschen Wegen
Das stimmt so nicht ganz, ist nicht wirklich wahr
Du suchst und findest immer neue Ausreden

Rede dich nicht raus
Sondern geh raus und leb deine Träume aus
Ob scheitern oder schiefgehen
Letzten Endes zählt der Wille – um bis an dein Ziel
zu gehen

Darum gib alles was geht
Darum geh – wohin der Wille dich trägt
Darum zieh – wohin der Wind auch weht
Verlierer ist nur der – der am Ende an selber Stelle
steht

Kopf im Sand versunken
Ja ist Kacke und Mist
Sich wieder rausziehen
Ich weiß wirklich wie schwer das ist

Doch beim Fallen liegen bleiben
Kann die Lösung nie sein
Wärst du als Kind nie aufgestanden,
ständest du heut nicht im Leben auf deinen zwei
Beinen

Darum beiß dich fest auch wenn es so sein soll
Gegen alles und den Rest
Kämpfe für das – an was du glaubst und suchst
Gelingen kann es nur – wenn du es auch nur mit
aller Kraft versuchst

Dreh Die Musik Auf

Stress, Termine und Hektik
Gefangen in der Szene
Keine Hand zieht mich aus dem Dreck weg

Burnout, Breakout, Knockout
Kannst nicht vor dir fliehen
Kommst nicht aus deiner Haut raus

Es wachsen keine Flügel
Kein Notsitz wird frei
Kostengünstig – der freie Fall
Achterbahnfahrt, komm sei dabei

Keiner da
Der dich fallen sieht
Doch bei dem Sturz
Bleibt dir immerhin dein Lieblingslied

Nichts bleibt für ewig, alles vergeht
Egal wie viele Schritte, wie weit auch der Weg
Nichts hält für immer an
Sprenge dich frei, fang von vorne an

Alles wird leichter
Alles geht besser
Dreh die Musik auf
Schon scheint die Welt gerechter

Im Einklang der Melodie
In diesen Zeilen daheim
Du wirst gehalten
Hier bist du nicht allein

Des Lebens Schönste Farben

Des Lebens schönste Farben
Kannst du in deinen Kleidern tragen
Freude Glück – Liebe und Mut
In der Heimat wo das Herz sich ruht

Wälder Flüsse – Felder und Seen
Alles kannst du begehen und sehen
Nimm was das Leben dir auch gibt
Fühlst du nicht auch du wirst geliebt

Nichts kann Berge versetzen
Außer dein Lebensgefühl und deine Kraft
Alles was du bist und in dir hast
Ist dein Werkes Tun und Macht

Sei nicht traurig
Begegne dem Tag mit deinem Lächeln
Trüben Tagen wird
Der Regenbogen die Wolkenmauer brechen

Trag dich weiter immer näher
Zur Hoffnungsbrücke weit ans Farbenmeer
Dort wo sein wirst bist du nicht allein
Denn so wie du bist – sind dort noch mehr

Sie lieben das Leben
Und leben den Frieden
Alles was wir sind
Wurde gemacht aus Gottesliebe

Wie El Dorado

Neues Temperament
Vergoldete Zeit
Ein neuer Tag bricht rein
Ich fühl mich bereit

Ein Teil des Weges wie El Dorado
Ein frischer Hauch von neuem Leben
Möge es doch bleiben
Lang und weit seien noch die Wege

Ich mache mich auf und dem Wind entgegen
Dem Rausch neuer Träume ganz ergeben
Meine Haut pulsiert vom Feuer der Nacht
Die Sonne brennt und der Tag er erwacht

Lebensfunken in den Adern und Venen
Der Puls ist im Takt und tanzt mit neuem Leben
Es lebe die Musik – Viva la Musica
Das vergoldete Glück viva la vida

Dieser feine Hauch aus spanischen Nächten
Keine Fantasie, sondern aus dem Erlebten und
Echten
Glanzvoll schimmerte die Sonne über das Meer
Die Freiheit vor Augen und das Gefühl tief in mir

Wie Ein Tiger So Wild

Frei sein wie ein Adler
Fliegen im Wind
Mit den Flügeln schlagen
Mutig und stark sein – wie ein Tiger so wild

Frohen Mutes und mit
Voller Kraft treiben im Meer
Federleicht durchs Leben gehen
Nicht unmöglich – doch an manchen Tagen schwer

Aufbruch einer Reise
Mit ganz leichtem Gepäck
Die ganze Welt bestaunen doch –
Bleiben am schönsten Fleck

Den eigenen Zielen folgen
Den Träumen Kraft schenken
Alles geben – zu 100%konsequenzenlos
Positiv denken

Schwingen mit den Flügeln
Weit übers Meer
Horizont Richtung Freiheit
Nie wieder mehr – gebe ich sie her

Ungehalten und motiviert – und gepusht
Laufe ich wie der Tiger durch die Wildnis
Jedem Gewehr des Jägers
Durchs Projektil gehuscht

Stark sein wie
Der König der Löwen
Ungezähmt und fies – auch mal brüllen
Auch mal beißen - wenn es sein muss bin ich auch
mal das Biest

Sternenreihe

Freundschaft ist wie ein unsichtbares Band
Ist man zu weit voneinander entfernt
Zieht man es wieder näher an sich ran

Ob Freunde um die Ecke
Oder doch weit in der Ferne
Wahre Freunde sind wie
All die leuchtenden Sterne

Sie funkeln in tiefer Dunkelheit
Heute und Morgen jeden neuen Tag
In unserer Ewigkeit

Menschen die dir begegnen
Können Freunde werden über Jahre
Selbst ein einziger Moment
Ein kleines Wunder am Tage

Es kann bedeutsam sein
Für ganz viele Jahre – habe es selbst erlebt
Ich weiß was ich hier sage

Freunde sind
Wie Sterne am Himmelszelt
Freunde stehen dir bei Seite
Wenn deine Welt auch mal zerfällt

Freundschaft ist ein hohes Gut
Es bedeutet für einander da zu sein
Wahre Freundschaft ist echt selten
Darum wachse und gedeihe – sei auch du ein Teil
Dieser schönen Sternenreihe

Seit Beginn An

Die Sonne steigt weit oben
Am Hügel auf
Im warmen Sonnenlicht
Nimmt alles seinen Lauf

Kleines wird groß
Junges wächst heran
Es ist der Zeitenlauf
Seit Beginn des Lebens an

Träume wachsen
Ja sie entstehen
Müssen durch kühle Tage
Und durch Winde die wehen

Alles kommt und geht
Bleibt nicht stehen
Alles wächst und gedeiht
Kannst du weit über das Meere sehen

Ein großes Leben
Gefühle ozeanweit
Trage Freude im Herzen
Keine Chance für Krieg und Leid

Weiße Fahnen
Friedenstauben
Neid und Missgunst verlieren
An das Gute glauben

Das Leben meint es gut
Das Leben meint es gut
Lass es nicht zu –
Dass man dir raubt Kraft und Mut

Gib dem Frieden eine Chance
Wache auf aus dem Schlaf von Taumel und Trance
Bist du bereit dann sende ein Zeichen
Du bist nicht allein, du kannst so Viele erreichen

Schmetterlingsstaub

Zeit nehmen, sacken lassen
Was alles so rumschwirrt, vergessen machen
Viel gegeben, gewagt, riskiert
Benzin ins Feuer und schauen was passiert

All die Jahre hat es mich gekostet
All die Jahre ließ ich weder los noch locker
Jetzt muss ich es realisieren
Junge setz dich, Fall mir nicht vom Hocker

Fühle mich wie ausgepumpt
Schon regelrecht ausgelaugt
Alles aus mir rausgepresst
Als wurde alles aus mir ausgesaugt

Wieder über das Ziel hinaus
Und du läufst und du schreist
Und du greifst nach Zettel und Stift
Denn du hast das Gefühl besser wird es sonst nicht

Es scheint als ob
Alle Zeichen auf, gehen stehen
Und auch die letzten Sommertage
Werden im Wind davonwehen

Ich muss hin wo ein frischer Wind weht
Wo die Lebensfreude durch mein Gemüt fegt
Wo alles Gute bleibt und das Böse vertreibt
Und ist der Weg auch lang, schwierig und weit

Schmetterlinge haben
Auf Ihren Flügeln Schmetterlingsstaub
Als Kind wurde mir das mal erzählt
Und dass ich eines Tages fliegen kann, daran habe
ich dann geglaubt

Schatten Übers Leben

Du bist das Licht
Wenn die Welt Schatten übers Leben wirft
Du bist da
Wenn niemand mehr an meiner Seite kämpft

Du bist da
Auch wenn das Glück mich zu verlassen scheint
Du bist da
Auch in trostloser Lage, in der ich nur noch Tränen
wein

Du bist da
Wenn alle mich verlassen und die Lichter ausgehen
Du bleibst da
Wenn keine mehr an meiner Seite stehen

Wenn meine Welt zu ertrinken droht
Hörst du meinen Rettungsruf, bist der Schutz in
jener Not
Stehen auch alle Zeichen auf Alarm
Bist du bei mir, ich nehme dich einfach in den Arm

Du bist da
Wo alle mich verlassen haben
Du gehst auf wie ein Stern
An meinen trübsten und schwersten Tagen

Wenn ich an mir selbst zweifele
Wenn ich an mich nicht mehr glauben kann
Dann bist du da
Zeigst mir, neue Tage fangen immer wieder an

12 Jahre (2006 – 2018)

Vom ersten Wort
Satz und Reim – Vers und Gedicht
Bis zum Songtext alles bis heute
Schon entstanden ist

Langer Weg
Lange Prozedur
Chronik meiner Lyrik
Kunst-Literatur

Ich schreibe diese Texte doch spreche in Bänden
Geistiges Vermächtnis – auf Papier in meinen
Händen
Meine Gedankenwelt auf schwarz und weiß
getragen
Träume Ziele und Fantasie halten bis heute – seit
den ersten Tagen

Nie wieder mehr verzagen – aufstehen bei
Niederlagen
Auch beim Scheitern immer wieder aufs Neue was
wagen
Nicht mehr meckern und jammern und über Dinge
klagen
Sondern reden und sprechen – statt leise schweigen
– Meinung sagen

2019 – du wirst mein Jahr
Ich gehe mit aber nicht mehr so wie ich mal war
Zeit mein Ändern zu leben
Längst schon an der Zeit und es ist mir schon sehr
lange klar

Alles was kommt wird neu
Es bleibt nichts wie es war
Anlauf schon so langer her
Bei diesem Versucht klappt es zum ersten Mal

Und so freue ich mich auf da Jahr 2019
Denn ich will es wissen und werde bis ans Limit
gehen
Nur ein Sieger zieht den Weg durch und steckt die
Schläge ein
So ist es und so war es – so wird es immer sei

Was Schreibe Ich Mir Selbst

Hey mein Freund wie geht's dir
Alles fit was läuft bei dir
Was ist dein Ziel wo geht's hin
Was hast du so getrieben wo bist du hin

Was erwartest du von dir
Was geht ab im neuen Jahr
Mach dein Ding so wie du es willst
Ergreife die Chance – denn sie ist da

Wie geht's dir tief im Innern
Ich weiß, wenn du manchmal lachst
Ist es nicht immer echt
Doch in der Gesellschaft geht's dir so besser
Zumindest kommst du so
Doch ganz gut zurecht

Was hast du bisher geschaffen
Was hast du schon erreicht
Bleibe die Ruhe in dir selbst
Was auch kommt so geht's leicht

Erwarte nicht von Anderen
Ändere an dir selbst
Aufstehen kannst du nur alleine
Weil dir keiner aufhilft, wenn du fällst

Diese Zeilen diese Worte
An mich selbst gerichtet und gedichtet
Um daran zu denken
Alles wird wieder werden im neuen Glanz
beschichtet

Rosen Oder Edelweiß

Ich schrieb so manche, deprimierende Texte
Bisher in meinem Leben
Doch ich suchte all die Jahre nur einen Sinn
Ich fand ihn tief in mir, auf all den langen Wegen

Unverstanden fühlte ich mich so lange Zeit
Außer Schmerzen waren da nix – nur Leid
Heute bin ich im Gegensatz zu damals zufrieden
Ich habe mich gefunden – und so fand mich auch
die Liebe

Gebrochenes kaltes Herz
In einer Welt von Dunkelheit und Regen
Mein Ich, es traf auf dich
Kein Zufall, wir sollten uns begegnen

Auf meinem Weg blühten weder
Rosen oder Edelweiß
Um alles habe ich hart gekämpft, der Lohn war
Tränen, Blut und Perlenschweiß

Weder, war da Rosenkranz und auch kein Schloss
Gar ein Königreich
Schwindel, Stress, Burnout weit entfernt
Vom gekrönten Premium-Preis

Meine Sprache wurde zur Musik
Durch meine Adern fließt die Lyrik
Meine Gedanken sprechen Bände
Hätte es nie gedacht, Träume habe ich ohne Ende

Reich Ist

Die Entfaltung der Persönlichkeit
Schreitet stetig voran zu jeder Zeit
Die Erfahrung sie macht uns reif
Liebe Freude Glück – macht die Seele reich
Doch Trauer Kummer und Schmerz lebt im Schatten
Ist auch spürbar und zwar zugleich
Heilung Trost Genesung braucht seine Zeit
Bis die Seele lacht und nicht mehr weint

Wir müssen leben mit dem wie es kommt
Wir müssen nehmen wie es das Schicksal bringt
Wir müssen stark sein auch im stärksten Wind
Wir müssen werden die wir bleiben die wir sind

Ob die Wege werden steinig oder glatt
Ob wir funkeln im Glanze oder matt
Es zählt nicht was ein jeder an Besitz er hat
Sondern dass er zufrieden sei mit dem was er hat
Gesundheit und Zufriedenheit
Ist kostbar auf dieser – in unserer Welt
Denn bezahlt werden kann vieles
Aber Gesundheit und Zufriedenheit in keinem
Anmaße
Von dem meist erwünschten Geld
Reich ist nicht der
Der am Meisten Geld besitzt
Reich ist der
Wer glücklich und zufrieden ist

Regenstau

So wie der Sommer
Sich verzieht
So traurig klingt
Auch dieses Lied

Ich überlege und
Denk für mich
Es war so schön
Im Sonnenlicht

Kalte Tage
Sie ziehen auf
Wolkenbruch und
Regenstau

Der Herbst macht
Sich langsam breit
Für mich geht die
Schönste Zeit

Und der Wind
Spricht leis' zu mir
Grüße von der Sonne
Bis sie wieder ist bei dir

Ein ganzes Jahr
Wieder vorbei
Ein neues beginnt
Wieder dabei

Knospen blühen
Blätter tragen Farbe
Fallen von den Bäumen
So ist es immer alle Jahre

Nimm Dein Leben An

Das Leben ist laut mit Paraden und Trommelwirbel
Doch du schweigst und bist ganz still
Das Leben zeigt sich in bunten schönen Farben
Du trägst in dir schwarz und grau – ohne Worte
weiß ich was du sagen willst

Du greifst nach 1000 Händen
Doch sie können dich nicht sehen
Ich weiß ganz genau was du fühlst
Ein Blick in deine Augen und ich kann dich
verstehen

Das Leben sprudelt – feiert und singt
Es hüpft – springt und tanzt
Lass es in dir zu – gib dir einen Ruck
Dem Leben die verdiente Chance
Löse dich deiner Schatten – ich weiß, dass du es
kannst

Eine scheinbar weitentfernte Reise liegt vor dir
Doch vertrau auf mich und meine Worte auch du
findest zu dir
Stelle dich deinen Ängsten mach dich frei und
drücke dich aus
Gestalte dich selbst – es ist dein Leben und es gibt
dir was du brauchst

Entfalte dich frei – lass die Sonne in dein Herz hinein
Fühlst du dich anfangs noch allein – ich werde bei
dir sein
Lebe deine Liebe und trage diese in die Welt hinaus
– dein Leben
Alles was du fühlst und innerlich trägst – wird man
dir nicht nehmen

Gehe gelöst und versöhnt mit des Friedens
Zuversicht
Nebel und Schatten sind beängstigend doch glaube
mir
Viel stärker und wahrhaftiger ist das Licht – Es ist
Erleuchtung und Erkenntnis
Ich wünsche dir es empfängt dich

Bitte entferne dich nicht von dir selbst
Bitte stehe auf, wenn du fällst
Bitte verstrick dich nicht in der Dunkelheit
Geh deinen Weg um zu leben es ist an der Zeit

Bitte verschließ dich nicht
Nimm dein Leben an
Verspreche es dir selbst
Und bitte halte dich daran

Neuentdeckung & Altes Land

Was bringt die Zeit – was nimmt sie mit
Bist du zufrieden und glücklich so wie es ist
Bist du erfüllt von deinem Leben
Gibt es etwas was du vermisst

Spuren von Freude begleiten dich durch deine Zeit
Viel Gutes erlebt – dieser Weg war lang und du
wirklich befreit
Spürst du Sehnsucht nach mehr – mehr davon du
selbst zu sein
Trage deine Freude und lebe sie und du wirst es
sein

Gehe deinen Weg mit Sonne im Gepäck
Was gut ist kommt wieder es war nie wirklich weg
Ruhige Gewässer raue Flut – bleib bei dir selbst
Vertraue dir immer und stehe auf, wenn du fällst

Neuentdeckung und altes Land
Blick hinaus über den Tellerrand
Weiter Blick der Horizont scheint unendlich fern
Ganz entspannt betrachtest du alles von deinem
Stern

Wo die Gewohnheit schläft
Wird die Neugier geweckt
Gehe deines Weges und finde das –
Was das Leben dir versteckt

Zeichen und Spuren – deuten und verstehen
Manches wird verblassen gar verwehen
Manche Zeit ist magisch manche auch mal tragisch
Wichtig ist – bleibe du selbst, weil dein Leben jeden
Tag ist

Strahle deine Freude
Sieh nicht zurück
Sei offen für Neues
Öffne die Augen fürs Glück

Neu

Auf der Suche nach NEU
Geht man Schritte neuer Wege
Schreibt das Buch des Lebens NEU
Auf der Suche nach dem Glück getragen von der
Hoffnung
Doch man findet es nur wie die Nadel im Heu

Den Blick gerichtet auf NEU
Dinge ausgewählt
Langsam geht es des Weges schüchtern und scheu
Doch getragen von Willen und Mut
Kürt die Lust und das Verlangen stets auf NEU

Alles auf NEU
Das Leben ausgerichtet immer auf NEU
Nicht mehr tatenlos herumstehen
Sei nicht scheu mach NEU
Nicht so schüchtern und mach dich ran
Entdecke die Welt und dich in einem anderen Licht
NEU – NEU
Mach dich auf den Weg
Den Kopf hoch, weil es dir steht
Mach NEU
Komm schon
Mach es und tue es
Mach es NEU

Auf der Suche nach NEU
Verblasst das Alte – Kunst sich NEU zu entdecken
Doch man bleibt sich selbst noch irgendwo treu
Lust auf Veränderung also mach es NEU

Zieh ins Land und entdecke NEU
Sei wie die Feder im Wind oder die Spange im Haar
Hau ab und zieh Leine – lass los doch bleibt treu
Frischer Glanz – nimm die Zügel in die Hand
Mach es NEU

Mangelhafte Betriebsmittel

Guten Tag Herr Vorarbeiter
Ich musste mal zu ihnen gehen
Entschuldigen sie meine Störung
Ich wusste nicht, dass sie Zeitung lesen

Ich muss ihnen etwas überbringen
Meine Leistung ist qualitativ
Ihre Betriebsmittel sind jedoch defekt
Ich hoffe es ist genauso informativ

Ich bearbeite meinen Auftrag
Doch es liegen Fehler im System
Ich wollte sie mal ansprechen
Denn es hieß – ich sollte ja genauer hinsehen

Ich sollte auch melden
Wenn Kollegen mit mir mal reden
Ich sollte ihnen melden
Wenn sie zur Toilette gehen

Ich soll sie verraten
Essen und trinken sollen sie nur in der Pause
Diejenigen erwähnen – die Sauerstoff missbrauchen
Denn sie sollen blockern – atmen können sie zu
Hause

Naja irgendwie muss ich jetzt sagen
Alles was sie von mir verlangen – alle diese Taten
Da kann ich gerade wieder jemanden benennen
Er sitzt vor mir und sie werden ihn persönlich
kennen

Normaler Wahnsinn – Ironie Aus Der Industrie

Herbert steht am Hallentor zum Stempeln
Es ist ein ganz normaler Montagmorgen
Da ertönt auch schon das Hallenhorn
Der Vorarbeiter verbreitet neue Sorgen

Herbert bleibt die Ruhe selbst
Der Industriemeister läuft rot an vor Wut
Da prasselt ein LKW durch das Hallentor
Die Einfahrt traf der Fahrer – gar nicht mal so gut

Die Maschinen krachen und sie zischen
Brocken fliegen Teile brechen
Der Meister wird rot blau lila gelb und grün
Er will etwas sagen doch kann nicht sprechen

Herbert ist gelassen ruhig
Weil es für ihn nichts Neues ist
Während sich der Meister erholte
War das Hochregal – was zusammengebrochen ist

Des Meisters Puls der tobt
Die Laune des Meisters bebt
Auch dies sollte noch nicht langen
Obwohl der Meister doch schon erregt

Es kam der Chef vom -PERSONAL-
„Die Maschinen laufen nicht und alles blinkt rot"!
Herbert sieht den Beiden zu – sie springen im
Dreieck
Auf dem Fahrweg und verstoßen gegen das
Aufhalteverbot

Herbert sieht den Stapler rasen
Der Fahrer voller Hektik lässt die Gabel ab
Dem Meister alles auf die Füße gefallen
Herbert sagt sich – Ja so läuft es hier täglich ab

Tag Des Gewinners (Monument)

Vom Sturmverlauf
Getragen durch den Wind
Beim Betreten des Feldes
Die Hymne erklingt

Auf geht's in den Ring
Das Lied des Siegers erklingt
Durch schwere Zeiten bereits gegangen
Immer auf aufgestanden nach dem Fallen
Du gehst da raus
Der Chor ertönt und die Lichter gehen aus
Freude wie am Tag des Beginners
Am Ende vom Fight – dein Tag des Gewinners

Deine Melodie ertönt und hallt
Über den ganzen Schauplatz und sie singen mit
Sag mir gibt's was Schöneres als dieses Gefühl
Du weißt es trägt dich auf dieser Welle mit

Überall wehen deine Fahnen
Die Kulisse trägt deine Farben
Du stehst als Sieger da
In den Grund gestemmt ist dein Fahnenmast

Harte Zeiten schon durchlebt
Doch am Ende der Sieger oben steht
Zur eigenen Ehr das Monument
Zeiten an die man gerne zurück denkt

Magie

Schriften der Fantasie
Alles verzaubert von großer Magie
Wo kleine Träume in Erfüllung gehen
Große Träume noch entstehen

Eine fantastische Welt
Im Paradies Gedanken erschaffen
Eingeladen um zu bleiben
Um diese Fabelwelt nicht mehr zu verlassen

In der Heimat der Trolle und Feen
Gibt's zauberhaftes zu bestaunen und wird nicht
vergehen
Noch schöner wie ein Märchen zu glauben ist es
kaum
Alles das entsteht lass dir Flügel wachsen es ist Zeit
sich zu trauen

Einhörner und Elfen
Gute Zwerge und eine Prinzessin
Hier will ich nicht mehr weg
Ich bin von Leichtigkeit besessen

Mittelpunkt der Erde
Schönster Punkt der Welt
Hier ist es friedvoll und so herrlich
Ich bleibe hier, weil es mir so gefällt

Leeres Leben (Fülle Es Mit Deinen Farben)

Dein Leben beginnt
Menschen die dich lieben die da sind
Du wächst auf du wirst groß
Voller Mut und Willen legst du los

Du beschreibst die Seiten deines Buchs
Die Seitenzahl legst du dir fest
Manche Dinge gehen tief unter die Haut
Sei achtsam – dass du dich nicht verletzt

Höre nicht auf alles was du hörst
Glaube nur an das worauf du schwörst
Halte deine Hand nur ins Feuer wo du dir sicher bist
Dass du – wenn du es tust – auch dasselbe zurück
kriegst

Unbeschrieben Blätter sind wie Bäume
Sie stehen im Wind
Schreibe auf sie deine Träume
Nur wer mutig ist – wird sehen ob er gewinnt

Leeres Leben
Fülle es mit deinen Farben
Fass deinen Mut und du
Wirst sie in die Welt hinaustragen

Buntes Leben
So wird es am Ende der Reise sein
Wie das Kunstwerk auch ausschaut
Es ist deines ganz allein

Vertraue auf dich und auf den Zauber
Der in dir steckt und entfacht
Mit Träumen und Zielen
Wirst du sehen – hast du viel geschafft

Du kannst mit den Augen sehen
Was alle sehen
Aber in dir siehst du eine Welt
Wie sie andere niemals sehen werden

Träume die du hast
Und an die du glaubst
Diese können dir nur jene nehmen und zerstören
Die keine besitzen

Mach Dich Frei

Schlag deine Flügel soweit aus wie es geht
Soweit wie du kannst
Mach dich frei von allem was dich fesselt
Lass los hab keine Angst

Das Gefühl Mensch zu sein ist was dir oft
Hier im Leben so schwer fällt
Doch man fällt nur durch die Schwerkraft
Also mach dich frei in dieser Welt

Lass mal locker und atme tief durch
Tief in der Ruhe liegt deine Kraft
Wenn der Geist frei ist und die Seele im
Gleichgewicht
Ist alles gleich viel leichter geschafft

Alles wird werden mit Ruhe und Gelassenheit
Nichts ist von wahrem Wert
Wenn man das Wahre nicht erkennt
Wie das – wenn der Künstler des Wortes
Buchstaben nicht ehrt

Der Maler ohne Pinsel – der Werker ohne Werkzeug
Der Dichter ohne Tinte
Wäre wie der Jäger – der zum Gejagten wird
Und im Korn da läge die Flinte

Meine Widmung Der Literatur

Ich liebe die Literatur
Sie ist ein Teil meiner Schreibkultur
Ich habe sie entdeckt und sie hat mich ergriffen
Dinge die so schwer zu verstehen waren
Ich habe sie in Wort und Schrift begriffen

Ich widme der Literatur diesen Text
Bin auf dem Weg auf ihrer Spur
Liegt das Schreiben tief in mir
Ist es wahre Kunst oder Quälkultur

Fakt ist ich schreibe über die Dinge aus meinem
Leben
Über meine Zeit –
Die Freude das Glück und die Trauer
Tränen Kummer Hoffnung und Leid
Alles festgehalten im Tatbestand meiner Zeit

Die Schreibkunst ist meine Liebe
Meine ganze Passion
Selbsttherapie – Poesie und Gedicht wie Lyrik
Meine ganz große Mission

Kurzgeschichten geschrieben
Mit Tinte und meinem Geiste
Von der Wurzel bis zur Blüte
Der Weg den ich bereits bereiste

Neue Träume

Neue Träume
Sie entstehen über Nacht
Voller Hoffnung und Liebe
Werden sie beschützt und bewacht

Neuen Mut gefasst
Kraft und Glaube
Habe neuen Auftrieb
Glanz in meinen Augen

Ich fühle mich frei
So schwerelose Leichtigkeit
Darf gern bleiben
Heute und morgen und noch lange Zeit

Herz und Seele haben sich erholt
Feuertaufe und Phönixflug
Auch wenn mich mal etwas zur Erde drückt
Komme wieder habe noch lange nicht genug

Diese Momente
Wo das Herz aus Freude zerspringt
Emotionen die ich fühle
Bin sehr dankbar, dass diese so sind

Das Leben ruft und ich folge seiner Stimme
Bis in die Tiefe jener Nacht
Ich vertraue auf des Lebens Trip
Dass am Tage die Sonne scheint und bei Dunkelheit
die Sternenreihe wacht

Neue Zeiten Gebucht

Ich habe in meinem Leben
Viele Wege durchkreuzt
Ich fand dich auf meinen Wegen
Habe von dir geträumt

Habe leere Seiten zu bemalen
Denn ich habe klar Schiff gemacht
Neue Zeiten uns gebucht
Hast es auf den Platz in meinem Herzen geschafft

Bin ich ein Rocker oder Metaller
Sänger – Dichter oder Denker
Oder bin ich einfach nur ich
Ein Mensch mit Herz – der dir sagt und zeigt ich
liebe dich

Das schönste Wetter
Es ist nicht schön ohne dich
Die Sonne strahlt
Doch kommt es mir vor als scheine sie nicht

Sommer – Sonne und Wärme
Alles lebt sich leicht
Doch die Tage ohne dich
Sind für mich wie mit dir nicht leicht

Die Sonne scheint
Doch ich vermisse dich
Ich freue mich schon sehr
Wenn du wieder in meinen Armen bist

Und ich freue mich, wenn du wieder da bist
Ganz nah hier bei mir
Denn dann weiß ich alles ist gut
Bin ich bei dir – und du bei mir

Sonne Am Himmel

Gleichgesinnt
Innerlich auf Sieg gestimmt
Machen wir uns auf den Weg
Wo die Sonne hoch am Himmel steht

Aufgestanden
Aus vergangenen Niederlagen
Sollen heute alle sehen
Dass wir gemeinsam und geschlossen stehen

Und wir laufen geschwind
Als ob wir schon die Sieger sind
Wir geben alles und verlangen uns alles ab
Einer für alle und alle für einen – der Boden bebt
Jubelschrei
Los geht's eins – zwei – drei
Alle geben alles
Wir sind wir und voll dabei

Gleichgesinnt
Nach außen auf den Sieg getrimmt
Wir sind auf unserm Weg
Wo die Sonne uns im Rücken steht

Wir fetzen und krachen
Reißen uns entzwei
Am Ende wollen wir als Sieger stehen
Und der Gegner nur dabei

Tageslicht

Raum Zeit das Jetzt und Hier
Tageslicht und Dunkelheit
Früh spät momentan im Augenblick
Was vorbei ist kommt nicht zurück

Der Wille mehr zu sein
Das Streben nach Glück und Vollkommenheit
Im Laufe des Lebens
Auf dem Weg zwischen ewiglich und vergänglich
sein

Was ist unser Ziel
Unsere Bestimmung die Berufung hier
Nachdenklichkeit umgibt mich
Zu jeder Zeit stetig ist sie in mir

Auf großem Flug
Realität oder bloß nur Traum
Lerne das Leben
Lerne dir selbst zu vertrauen

Des Himmels schöne Sterne
Schön zu bestaunen diese endlose Ferne
Wir sind hier auf der Erde im Universum
Auf diesem Planeten die Zeit tickt sie geht rum

Tränen Deiner Mutter

Hast du jemals in Kinderaugen geschaut
Jemals ein Kind schon lächeln sehen
Auch du bist das Kind deiner Mutter
In deine hat sie viele Jahre gesehen

Bist du wirklich dieser Hass und diese Gewalt
Bist du die Waffe im Krieg – in Haut und Gestalt
Bereit Leben auszulöschen
Blutrünstig ohne Herz und eisigkalt

Fühlst du keine Trauer
Bei den Müttern die ihre Kinder verlieren
Bist du nicht innerlich längst zerbrochen
Und tust widerwillig noch immer marschieren

Fühlst du wirklich gar nichts
Wenn man das Leben dem Menschen nehmen
würde
Der es dir einmal schenkte
Trauer deiner Mutter
Schmerz tief in ihr – weil sie bei deiner Geburt
Deinem Leben Hoffnung und Liebe schenkte

Willst du wirklich
Das Leben anderer Menschen nehmen
Unschuldige und vielleicht gar die –
Die beste Freunde für dich wären

Du tust sie ermorden und ihr Leben nehmen
Ohne Reue sie erschießen
Denk mal an die Qual deiner Tat und an all die
Tränen
Deiner Mutter – die nie aufhören zu fließen

Wer Kennt Es Nicht

Spaghetti Carbonara
Obst und Gemüse
Probiert doch misslungen
Alles für die Füße

Es spaziert der Hund
Es piept der Spatz
Geld verprasst
Das war für die Katz

Das Konto war voll
Doch die Taschen sind leer
Löcher im Hemd
Der Furz er hängt quer

Wer kennt es nicht, wer kennt es nicht
Ihr kennt es doch
Kleider machen Leute, ein Hemd Loch an Loch
Wir stellen fest – es hält doch
Wer kennt es nicht, wer kennt es nicht
Ihr kennt es doch

Der Pilz im Wald
Und das Pils am Tresen
Viel Wind um Nichts
Viel ist wenig gewesen

Luftschloss gebaut
Doch wo ist der Schlüssel
Es hat gescheppert
Ein Sprung in der Schüssel

Wahrhaftig richtig verkehrt
Die Schranke im Weg, die die Sicht versperrt
Was soll man noch sagen es waltet und tut
Es kommt wie es kommt, am Ende wird alles gut

Wie Die Zeichen Auch Stehen

Ich weiß ich greife zu den Sternen
Wo ich hin will, da wollen so viele stehen
Ich kann mich selbst manchmal nicht begreifen
Doch wir alle wollen doch die Wege nach oben
gehen

Ja ich weiß ich sollte schätzen wo ich stehe
Nicht ganz oben, aber auch nicht mehr weit unten
Vielleicht schätze ich zu wenig was ich erreiche
Und es ermüden mich die ganzen Runden

Suchst nach dem Glück, wo hat sich bloß
Das kleine Quäntchen versteckt
Zwischen Glücklos und bist das Glück los
Sind es nur Funken – ein kurzer Augenblick

Wenn Träume zerschellen wie Glas
Welches auf hartem Stein zerbricht
Wie auch die Wellen schlagen
Stehen die Zeiten auch gerade gegen dich

Vergiss nicht wo du stehst
Dass du immer weiter gehst
Schaue zurück wo du gestanden hast
Stärker und mutiger machte dich jede kleine Last

Wo Ist Das Glück

Finde ich im Leben
Wirklich jemals Glück
Oder suche ich vergebens
Und finde nicht mehr zurück

Woher weiß ich
Ob das Glück denn ewig hält
Woher die Garantie
Ich habe genug bestellt

Ist das Glück vielleicht
Schon greifbar nah
Ist es um mich herum
Doch ich stehe einfach nur so da

Ist das Glück vielleicht ja
Zu erkennen
Kann ich es vielleicht einfach
Nur nicht sehen
Bewege ich mich um es zu suchen
Während wir gemeinsam
Schon lange gehen

Das Glück ist uns
Doch oft sehr nah
Nur vermuten wir und denken
Für uns ist keines da

Oft beim Aufstehen
Beim Sonnenstrahl
Ja in diesem Augenblick
Wenn unsere Seele sich erfreut
Genießen wir doch unser Glück

Drehe Es Auf Den Kopf

Wenn du denkst du machst alles verkehrt
Drehe es auf den Kopf und es wird schon
Wenn du daneben trittst was soll es
Hast doch noch ein Bein – also setz den nächsten
Schritt vor

Ob Kopf in der Schlinge
Das Chaos bis zum Hals
Zunge am Boden
Hätte gern Chili Pfeffer und Salz

Saures Leben wie ein Netz Zitronen
Des Teufels Mahl sind Zwiebel und Bohnen
Wenn dich alles aus den Socken reißt
Wird es ein neuer Fleck den du bereist

Wenn alle Stricke reißen
Heißt es Zähne zusammenbeißen
Wer keine Lügen glaubt
Dem muss man nichts beweisen

Falscher Stern kein runder Kreis
Manchmal ist das Leben dunkelbunt und
Deckenweiß
Mal geht's nur vor – mal nur zurück
Alles ist deines Lebens Augenblick

Mal klemmt es und mal hängt es
Mal funzt es alles glatt
Das Leben kommt wie es kommt
Mal im Glanz und mal matt

Nimm dich selbst nicht so ernst
Leg nicht jedes Wort auf die Goldwaage
So viele neue Antworten und
Ebensolch viele neue Fragen

Sei heiter
Lebe den Sonnenschein
Wenn alles vorbei ist
Wird auch alles vergessen sein

Laufe auf dem Regenbogen
Immer grade aus und verfolge dein Ziel
Verlieren kannst du – ja
Aber bleibst du stehen – gewinnst du nie

Des Metallers Weg

Ich hätte es selbst nie gedacht
Denn alles bisher, ja es kostete Kraft
Doch ja verdammt, ich habe meinen Wunsch
Mir selbst erfüllt und wahrgemacht

Nun will ich all jenen helfen
Die an der Stelle stehen wo ich stand
Ich schreibe ihnen diese Reime
Symbolisch reiche ich euch meine Hand

Gott gab mir das Schreiben
Mit auf allen meinen Wegen
Es sind die Zeilen die entstehen
Das Wort, welches ich sorgfältig pflege

Habe Bühnen und mein Publikum
Die Tage an der CNC-Kiste
An der habe ich mein Pausenbrot gegessen
Wo ich her komme, werde ich nie vergessen

Ich will weder einen Preis
Noch die Kohle ins Trockene scheffeln
Anerkennung für mein Tun und Fleiß
Daran kann ich mich erfreuen und mich messen
Die Sonne Scheint

Die Sonne scheint
Wolken ziehen vorbei
Fühle Freiheit – mir geht's gut
Jetzt kommt meine Zeit
Kann es spüren – nie war ich mehr bereit
Vor mir liegt die Zukunft – ich muss sie greifen
Jedes kleine Stück
Vergessen was gewesen ist – werfe keinen Blick
zurück

Die Zweifel bei Seite schieben
Ich lasse mein Herz frei
Meine Flügel schlagen
Sie wollen wieder fliegen
Ich will wieder leben und mein Leben lieben
Dem Zweifel entgegentreten
Den Ängsten trotzen – mich von ihnen frei bewegen
Ich gehe durch das Leben
Auf meinen neugebauten Wegen

Ich blicke in die Zukunft
Ich gehe ihr entgegen
This is my life – this is my track
Ich ließe viele Tränen laufen – doch jetzt wische ich
sie weg
Der schwerste Kampf im Leben
Ist der mit sich selbst
Die Geister und Phantome wollen dich beherrschen
Wichtig ist – dass du dies erkennst

„In Gedenken an Schauspieler, Musiker, Künstler die uns bewegt haben und uns auf dem Weg begleitet haben und begleiten" Christian Hofmann

Erinnerungen An Legenden

Unbekannt oder berühmt
Der Tod mach vor keinem Halt
Wir sind alles Menschen
Jung geboren und werden alt

Anerkennung Ruhm und Ehre
Lebenszeit – Papier Stein und Schere
Alle sind wir aus Fleisch und Blut
Künstlertragik und Ehrenmut

Berühmtheit schützt vor dem Tode nicht
Ob Dichter Denker Sänger – er holt auch dich
Künstler Entertainer Showgestalt
Der Tod macht hier vor keinem Halt
Wir kommen und wir gehen
So ist der Lauf des Lebens halt

Der Weg des Lebens
Den bestimmen wir
Wenn wir dann eines Tages gehen
Was bleibt von uns hier

Theatralik Melodram
Gas gegeben im Affenzahn
Skandal! Skandal! Räuber und Gendarm
Seifenoper wild bewegt – Bild geschossen Farbbeleg

Neuigkeiten, Brand News
Eilmeldung kunterbunt
Der Tod er kommt
Er bringt uns alle um

Doch für die Zeit in unserm Leben tragen wir
Die Erinnerungen und Momente auf unseren
Wegen

Der Letzte Sommer

Er liebt es die Freiheit zu spüren
Wenn er im Sommer mit offenem Fenster
Auto fährt und ihn die warmen
Sonnenstrahlen berühren

Er fährt über den Asphalt
Der Weg kann nicht lang genug sein
Je weiter die Linien desto freier fühlt er sich
Und denkt so darf es endlos sein

Fenster offen und die Musik ist laut
So fühlt sich die Freiheit an
In diesen Momenten fängt ihn nichts
Auch die Ängste scheinen fern und weit

Freiheit spüren und fühlen
Wenn er im Auto unterwegs ist
Bis zum letzten Sommer
Bis der letzte gekommen ist

Die bittere Tatsache zu gehen
Da hält auch er keine Tränen
Der letzte Sommer – die letzte Freiheit
Noch ein letztes Mal dann ist es vorbei

Der letzte Sommer
Der letzte Sommer auf der Haut
Und wenn er geht weiß er
Dass die Sonne an diesem Tag auf ihn runter schaut

Dieser Text ist von
Leichter Traurigkeit getragen
Denn er hat die Sonne tief im Herzen begraben
Bis zum letzten seiner Tage

Es Bleibt Schon Länger Hell

Es bleibt schon immer länger hell
Mein Tag hat wieder mehr Leben
Mehr Farbe und auch mehr Licht
All das hatte es nicht ohne dich

Die Nächte sind nicht mehr so kalt
Es ist wie Sommerwärme im tiefen Schnee
Ein Winter wie ein Märchen so schön
Ein neues Leben erwacht und sagt dem „Alten" ade

Immer mehr und immer sicherer
Nehme ich dich und das neue Leben an
Viel zu lang war ich allein
Ich war am Rennen doch kam nicht voran

Stark wie Eis im Sturm – wie eine Lawine
Volle Power auf den Schultern doch war leicht
neben der Schiene
Ohne einen Blick zurück
Gerade aus nur da finde ich mein Glück

Es ist Nichts was man erreicht
Wenn man unzufrieden und nicht im Einklang ist
Doch bei dir und mit dir bin ich es
Weil du die Ruhe im Orkan meines Lebens bist

Einfach Nur Worte

Warum mögt ihr mich?
Berühre ich euch mit meinen Worten?
Spürt ihr Mitgefühl und Gänsehaut?
Diese Botschaft geht an aller Orte

In der Sprache finden wir Trost
Kann ich ihn euch übertragen?
Es ist ein Verständnis und Heilung
Im Ausdruck von Wörtern ist man nicht allein

Es sind nur Wörter, die Ausdruck haben und
Emotionen bringen
Wir sind nicht allein, diese Wörter können uns
verbinden
Es ist als reichten wir uns alle die Hand in diesem
Leben
Somit können wir uns gegenseitig Trost abgeben

Warum mögt ihr mich?
Ist es jeder Zeile die reine Menschlichkeit?
Ist es doch, weil wir im Laufe der Zeit vergessen
haben
Dass wir alle Menschen sind, in all der
Schnelllebigkeit

Warum hört ihr meine Worte
Denken wir doch also, alle in eine Richtung
Die Richtung die da heißt
Einfach Mensch zu sein

Eine Welt

Eine Welt ohne Krieg eine Welt ohne Hass
Welt ohne Sorgen und Angst wie stark wäre das
Eine Welt ohne Furcht eine Welt ohne Flucht
Jeder Einzelne von uns ist der Erde Frucht

Eine Welt ohne Fremde eine Welt eine Heimat
Welt ohne Neid und Ärger Gott meintest du das
Eine Welt im Frieden eine Welt im Einklang
Wo ist das Paradies verpassten wir allesamt den
Eingang

Eine Welt mit Hoffnung eine Welt in allen Farben
Eine Welt mit Liebe es heilen all unsere Narben
Eine Welt in Vernunft – Gott bitte schenke sie uns

Eine Welt ohne Hunger eine Welt im Miteinander
Eine Welt der Gerechtigkeit und kein
gegeneinander
Eine Welt in Harmonie und mit Leichtigkeit
Eine Welt des besseren Lebens für alle Ewigkeit

Eine Welt die wir beleben eine Welt unser Erbe
Auf eine Welt in der die Menschen besser werden
Auf unsere Welt auf alles was steht und was fällt
Ich wünsche mir eine Welt ohne Reichtum und dem
Verfall von Macht und Geld

Gott siehst du nicht
Wie viele Tränen die Erde schon trinkt
Gott hörst du nicht
Wie sehr sie schon weint
Gott ich verstehe die Menschen nicht
Sind sie für all das Elend bereit
Gott habe Gnade am Ende ihrer Zeit

Eimer Voller Sand

Gedanken die entstehen
Formen sich zu Farbe und Ton
Kann ich gestalten und variieren
So jegliche Kreation

Spreche ich dem Geiste synchron
Klingt dieser Dialog doch eher recht monoton

Wo sprießen die Ideen
Was kann ich begreifen und was verstehen
Was bewegt mich zu diesem Gedankengang
Ist es Unsinn oder höchster Bildung Fadenstrang

Bin ich weise oder bin ich dumm
Ich biege gerade und mache mich dabei krumm
Teufelchen oder Englein
Stets voll bewusster Freude sein

Bin ich der großen Kunst versiert
Oder ist die Farbe bloß verschmiert
Der Eimer voller Sand – auf den ich meine Träume
bau
Mond und Sterne auf die ich so gerne doch schau

Es ist nervenaufreibend
Schwer nur zeitvertreibend
In vollem Umfang hohen Maßes
Ein Traum der anflog so wird es –
Denn wo war es

Die Linien ziehen Linien los
Danach sind sie linienlos
Wahrhaft und originalgetreu
Suche die Nadel und finde sie im Heu

Familienliebe

An Träume geglaubt
Ziele verfolgt
Kein Weg war mir zu weit
Auf in eine gute Zeit

Gang gerade aus
Blick nach vorn
Mache mich bereit – denn ich komme
Auf mich wartet meine Zeit

Bin und bleibe freundlich und lieb
Zu denen die es verdienen
Die mir auch mal geben
Ohne etwas zu verlangen und nichts von mir
nehmen

Schaue genau hin im Leben
Auf jedes Lächeln im Gesicht
Denn manchmal ist es die Zunge
Die dir die Lüge in die Fresse spricht

Sagen dir sie wollen dein Bestes
Und du glaubst es
Ohne zu wissen – dass deren Bestes
Für dich nur weniger als nicht mal der Rest ist

Familie über alles
Familie und die Liebe über alles

Habe so lange nach dir gesucht
Und noch mal so lange auf dich gewartet
Mein Leben war im Leerlauf
Mit dir habe ich es gestartet

Du

Hast du Lust neue Wege zu gehen
Hast du Kraft neue Ziele zu setzen
Hast du den Mut wieder aufzustehen
Hast du Zeit neue Kapitel zu schreiben

Hast du den Willen neues zu hören
Hast du den Glauben daran etwas Neues
aufzubauen
Hast du die Sehnsucht nach Morgen
Kommst du mit mir um gemeinsam anzufangen

Reich mir die Hand
Wir führen uns und ich gebe auch dich Acht
Ich lasse nicht nach und dich nicht zurück
Ich bin der – der dich von jetzt an bewacht

Durch die Helligkeit es Tages
Und in der Dunkelheit der Nacht
Ich bin von nun an der
Der dich beschützt und bewacht

Hast du gesetzte neue Segel
Hast du die Ruhe vor dem Sturm
Hast du Lust auf ein neues Leben
Hast du den Willen dann komm mit rum

Neue Wege neue Ziele
Neue Horizonte neue Zeit
Vergangenes bleibt zurück
Begraben im Sand der Zeit

Entdecke Ich Die Welt

Bin ich ein Dichter
Bin ich ein Poet
Ein verstecktes Talent
Kenne ich meinen Weg

Stehe ich am Anfang
Oder bin ich am Ende
Bin ich frei oder –
In einem Käfig mit vier Wänden

Bin ich ein König oder Bauer
Bin ich ein Prinz oder ein Narr
Ganz egal was ich auch bin
Eines jedoch ist klar
Ich bin am Leben – ich bin am Leben
Am Leben interessiert
Ich lerne aus Fehlern – sie sind Lektion
Ich lerne an der Perfektion
Ich bin am Leben – ich bin am Leben
Am leben interessiert

Bin ich ein Doktor oder Lehrer
Verstehe ich die Physik
Was ist Kunst und was Chemie
Wie klug ist Mathematik

Ich bin so wie ich bin
Bin ich ein Moralapostel oder Philosoph
Entdecke ich die Welt
Oder sterbe ich einmal ganz doof

Begreife ich alles was geschieht
Bin ich ein Teil vom ganzen Leben
Wer kennt schon die Antwort aller Fragen
Wir können glauben – hoffen – beten

In Mir Ist Meine Welt (Gedankenmalerei)

Könnte ich nur einen Text im Leben schreiben
Worüber würde es gehen wären es wertvolle Zeilen
Wörter strudeln Sätze fließen Gedanken schweifen
Sind die Starken die Lauten – oder auch die Sanften
und die Leisen

Wären diese Reime voller Angst oder eher voller
Löwenmut
Besorgniserregend oder würde am Ende wirklich
alles gut
Wäre es ein Märchen Illusion die reinste Fantasie
Würden Wünsche wirklich wahr und Träume schön
wie nie

Schriebe ich die Wahrheit mit den Worten eines
Kindes
Zeichnete ich die Klarheit schön wie des Künstlers
Bildes
Würde ich Hoffnung und Glanz dem Ganzen geben
Freunde und Glück als Begleitung für das ganze
Leben

Schriebe ich im jugendlichen Stil ein Hauch von
Leichtigkeit
Blieben diese Zeilen bestehen für heute oder für
alle Ewigkeit
Fühlte ich die Zeilen mit des Kindes großen Herzen

Vertriebe ich die Angst und den Kummer – Leid und
Krieg und Schmerzen

Würde ich kreieren und schaffen eine neue Welt
Wo Mensch und Tier Freunde sind weit entfernt
von Gier und Geld
Wärme Geborgenheit Sonne die tief aus jedem
Innern scheint
Was wäre dies wohl für ein Text eine völlig neue
Chance und wundervolle Zeit

Würde ich mehr geben und nicht nur ans Nehmen
denken
Wäre die Seele erfreut denn ich wäre nichts mehr
am Verschwenden
Geburt Kindheit Jugend zum Erwachsenen werden
begreifen
In mir ist meine Welt in der ich wachse blühe und
stetig reife

Lebte ich im wahren Sein oder nur im Schatten der
Vollkommenheit
Verstünde ich Raum und Zeit die Gegenwart der
Zukunft alles das was bleibt
Gedanken über Gedanken so wunderschön und
lebensecht
Würde ich nur diesem einen Text mit all dem hier so
gerecht

In Beginnender Nacht

Eine lange Reise
Ein fernes Ziel
Viel erlebt
So viel gefühlt

Zwischen Abschied und Fernweh
War alles dabei
Manches ging tief ins Herz
Wo es auf ewig bleibt

Es gab Tage in meinem Leben
Die waren wie ein Sonnenaufgang
Spuren von Freude in mir
Begleiten mich dieses Leben lang

Es gab auch die Tage voller Dunkelheit
An denen die Schatten länger wurden
Ich bin dankbar, dass das Licht wieder scheint
Und die Jahre nun – sind wie sie wurden

Auf dem Boden liegend
In Flammen erwacht
Dass ich wie ein Phönix zurückkomme
Hat wohl keiner gedacht

Lange Schatten haben mich belogen
Flüsterten mir das Ende meiner Stationen
Ich kämpfte weiter und gab nicht auf – ich habe
weiter gemacht
Dunkelheit existiert nur in – spät beginnender
Nacht

Immer Jetzt

In einem Land voller Zauber
Voller Wünsche und Magie
Da gibt es keine Grenzen
Denn hier lebt und blüht die Fantasie

In diesem Reich der Feen
Elfen und Magiern – in diesem Land
Findest du nur Eintritt, wenn du fühlst wie ein Kind
Mit Herz in deiner Hand

Wo Träume nie verloren gehen
Kannst du bis zum nächsten Morgen sehen
Ein Land welches man nie wieder verlassen will
Da lebt die Freude – zelebriert in ihren Liedern

Eine Welt voller Licht
Wo die Schatten nicht zu fürchten sind
In diesem Land wo die Gedanken getragen werden
Über Fluss Stein und Stock vom Wind

Den besten Text in meinem Leben
Den schreibe ich immer jetzt
Immer wenn ich fühle und immer, wenn ich leb
Schreib ich einen Text wie es mir gerade geht

Er ist live – im jetzigen Augenblick
Was ich fühle kommt zu mir zurück
Es ist real und ich begreife das Glück
Darum der beste Text ist jetzt
Jetzt im Moment
Weil das Feuer in der Seele
Auf Haut und im Herzen brennt

Jeden Tag

Ich gebe den Menschen zurück
Von dem was ihnen etwas fehlt
Was ihnen hier keiner mehr gibt und schenkt
Menschlichkeit auf diesem lagen Weg

Wir werden geschickt im Leben
Von A nach B über C und nur mit D
Leute! Selbstvertrauen!
Hoffnungen und Träume lasst sie nicht untergehen!

Ich lasse ihre Träume neuentfachen
Ich push sie an – ihr Ding zu machen
Werden hier zu oft gedrückt und unterschätzt
Und es wird Zeit - dass man sich dem Druck
widersetzt

Steht auf und seid laut
Glaubt an alles was euch trägt
Steht auf und gebt nicht auf
Ihr seid der Puls – das Herz das in euch schlägt

Steht auf
Lebt euch selbst
Jeden Tag
Lang und laut

Jeder von uns hat Träume
Für die wir leben und täglich aufstehen
Sind manche Tage auch mal hart
Lass dich nicht von ihnen runterziehen

Wir leben hier gemeinsam und real
Wo wir hingen und was wir wollen – wir haben die Wahl
Glaube an dich selbst was auch immer sie über dich reden
Wege kann man nur gehen – wenn man bereit ist
Voll und ganz in die Stapfen zu treten

Im Silberstreifen

Rast- und ruhelos
Zieht es mich hinaus
Folge den Lichtern
Suche mir das Schönste aus

Düfte und Klänge
Aus den Bars an der Straße
Schaue in ein paar Fenster
Sehe Rosen in einer Vase

Ich gehe und renne
Mein Herz es schlägt schneller
Im Puls dieser Stadt
Hier dauern die Nächte länger

Der Mond er zieht auf
Im Silberstreifen
Meine Gedanken sie sind frei
Ich lass sie zu den Wolken schweifen

Ich will in die Ferne
Zu den Sternen
Es treibt mich das Fernweh
Doch es hält mich die Heimat

Ich renne weiter
Immer weiter
Folge dem Ruf
Zuhause in mir, es bleibt da

Der Mond er folgt
Den Schatten der Nacht
Ich sehe den Glanz
In dem der Tag erwacht

Atemlos, unbeschwert
Frei von allem gemacht
Rast- und ruhelos
Zieht es mich durch die Stadt

Im Verhältnis

Wie lange dauert „ewig" an
In welchem Verhältnis steht die Zeit
Hält die Liebe dein Leben lang
Ich wüsste gern ob sie bis zum Ende bleibt

Vertrauen wir ins Ungewisse
Nicht gewiss ist der Verlauf von unserm Leben
Alles was ich vermisse
Wurde mir einst einmal gegeben

Dinge die ich gerne wissen möchte
Die mir aber niemand sagen kann
Ich drehe und wende das Blatt
Und fange immer wieder von vorne an

Warum
Ist so ein einfaches Wort
Doch mit der schwersten aller Erklärungen
Mit den schmerzhaftesten Erwähnungen

Ist ein Ende am Anfang schon bestimmt
Hand auf Brust und Hand auf Herz
Es ist die Zeit die im Lauf verrinnt
Bestimmt das Schicksal unseren Schmerz

Ist die Freude der Trauer eine Unbekannte
Ist der Fremde im Vertrauten ein Verlorener im
Lande
Wie weit ist die Nähe und wie nah ist die Ferne
Weiß die Sonne von dem Mond und von all den
Sternen

Lass Mich Dein Freund Sein

Fühlst du dich wie ausgelaugt und einsam
Wie ein Ritter in jener Schlacht
Hast du das Gefühl dein schönster Stern
Er fiel vom Himmel letzte Nacht

Suchst du Schutz und suchst du Zuflucht
Auch nach Geborgenheit
Ich kann sie dir nicht versprechen doch versuche sie
dir zu geben
Auch ich bin ein Verlorener der Zeit

Lass mich dein Freund sein
Bei Sonnenschein und Dunkelheit
Lass mich dein Freund sein ich verlange niemals
Dass du ewig bleibst

Wenn du gehen willst dann geh
Teilen wir gemeinsam einen Teil der Zeit
Du sollst frei sein denn der schönste Vogel im Käfig
Wird niemals glücklich sein

Fühlst du dich manchmal verloren
Wie abgestürzt auf deinem Flug
Lass mich dir helfen
Stehe wieder auf und es wird alles gut

Lass Dein Ziel Nicht Aus Den Augen

Schwere Zeiten du musst sie bestreiten
Es gibt kein Zurück – nur den Weg nach vorn
Alles was du hast und schaffst – wofür du kämpfst
Dafür wurdest du geboren

Lass dein Ziel nicht aus den Augen
Folge den Flammenspuren
Das Feuer das in dir brennt
Zeichnet dich und deine Texturen

Lass deinen Geist frei entfalten
Besiege Angst und Schatten
Sie sind nur in deinem Kopf und nähren sich davon
Wie von den Resten jene Ratten

Nichts ist so leicht – wie die Schwere
Die dich versucht zu bezwingen
Dem Leben fällt es so leicht
Schwert und Klinge über deiner Haut zu schwingen

Kriegerherz und Edelmut
Drachenkampf und Teufelsbrut
Phönix-Flug und Wiedergeburt
Dein Ziel erreicht und alles wird gut

Gib niemals auf
Gib dein Leben niemals auf
Ganz egal wie hart es ist
Und wie hart es dich auch trifft

Steh auf immer und zu jeder Zeit
Sei du selbst und sei bereit
Niedergänge und Rückschläge
All dies sind Teile deiner Wege

Bis Zu Jedem Breitengrad

Auch Misserfolge gab es
Die gehören dazu
Doch nach jedem – aufzugeben
Kam mir nicht in den Sinn

Hätte ich nie
Weitergemacht
Wäre ich heute nicht da
Wo ich jetzt bin

Zerrissenes Papier, Scherben und Schrott
Schicksal das mich bezwang, ein fieses Komplott
Doch heute stehe ich hier, jetzt bin ich da
Nicht berühmt, doch mir geht's besser als es damals
war

Das Leben ist neuerwacht
Hat sich auf den Weg gemacht
Ganz frisch poliert
Doch so mancher Kratzer verziert
Den frisch gestrichenen Lack

Das Leben ist hier
Und es geht nun mit mir
An meiner Seite – bis zum letzten Breitengrad
Alles auf null, hier ist der Start

Das Leben kommt nun mit mir
Es ist an meiner Seite dabei
Es gibt nichts zu verlieren
Schlagen die Flügel weit und frei

Es war nicht immer einfach
Ging nicht immer gerade aus
Fehler und Lektionen
Man hat gelernt daraus

Kein Weg war je einfach
Nichts lief immer glatt
Doch wir haben was kam
Immer irgendwie gepackt

Erinnerung (Nachruf)

Viele Jahre lang lief ich
Durch Regen und Nebel
Habe Asche hinterlassen
Bewegte mich auf meinen Scherben

Auf langer Suche nach meinem Ziel
Abgekommen von all meinen Wegen
Fand ich heute doch mein verdientes Glück
Ich machte Sonne aus allem Regen

Doch trotzdem gibt es da Momente
Wie genau jetzt, an denen ich Tränen weine
Denn du warst immer da und jetzt wo ich es
geschafft hab'
Bin ich echt am Ziel!? Doch du nicht mehr an meiner
Seite

Und ich hoffe und wünsche
Und ich bete und flehe
Dass du von dort wo du bist
Mich noch sehen kannst

Ich würde es mir wünschen
Ich würde es so wollen
Dass der Herbst, mit all seinen Farben
Für dich in Freude nun tanzt

Doch mir bleibt nur die Hoffnung
Ein kleiner Schimmer Trost von allem Glück
Erinnerungen sind nur noch Bilder
Und ich weiß du kommst nicht zurück

Bleibt mir nur, dich für den Rest meines Lebens
Tief in meinem Herzen zu tragen
Mein Vertrauen in die Hoffnung zu legen
Bis wir wieder, eines Tages Zeit zusammen haben

Liebe Leserinnen und liebe Leser,

es freut mich sehr, dass Sie sich für diesen Band
ENTGEGEN DER ZEIT – Anthologie des Lebens
entschieden haben.

Mich als Autor und Künstler, freut es sehr, wenn ich
Ihnen liebe Leserinnen und liebe Leser wieder mit
meinen Texten näherkommen konnte.
Denn welcher Lohn, wie Ehre und Anerkennung,
kann einem Künstler mehr von Wert sein.

Auch die Bühnenauftritte sind für mich immer
wieder eine besondere Art, meinem, nämlichen
Ihnen, dem Publikum nahe zu sein. Gemeinsam
einfach philosophieren können und dürfen und
einfach „Mensch sein" zu können.

Vielen lieben Dank für Ihr Vertrauen und Ihre
Hingabe, beim Lesen meiner Texte und bis zur
nächsten Reise, ich wünsche Ihnen allen eine gute
Zeit und alles, alles Gute!

Herzliche Grüße

Christian Hofmann

Christian Hofmann, geboren am 5.3.1986 in Biedenkopf bei Marburg, schreibt seit dem Jahr 2006 Texte aus dem und über das Leben.

Mit diesem Band „Entgegen der Zeit – Anthologie des Lebens", legt er nun den ersten Band einer Trilogie hin. Die Auswahl der lyrischen Texte, hat er auch in diesem Band selbstausgewählt. Der Blick in diesem Band fokussiert etwa; Neubeginn, Aufbruch, Veränderung, Träume und Ziele – an welche die Menschen glauben sollen, die sie tief in ihrem Herzen tragen.

Herstellung und Verlag:
BoD – Books on Demand, Norderstedt
ISBN: 978-3-7519-3101-4